Bernadette Lang

Der unthematische Christ im Atheist

AF666497

Bernadette Lang

Der unthematische Christ im Atheist

Überlegungen zum Anonymen Christentum bei Karl Rahner

Fromm Verlag

Imprint
Any brand names and product names mentioned in this book are subject to trademark, brand or patent protection and are trademarks or registered trademarks of their respective holders. The use of brand names, product names, common names, trade names, product descriptions etc. even without a particular marking in this work is in no way to be construed to mean that such names may be regarded as unrestricted in respect of trademark and brand protection legislation and could thus be used by anyone.

Cover image: www.ingimage.com

Publisher:
Fromm Verlag
is a trademark of
International Book Market Service Ltd., member of OmniScriptum Publishing Group
17 Meldrum Street, Beau Bassin 71504, Mauritius

Printed at: see last page
ISBN: 978-613-8-35268-6

Copyright © Bernadette Lang
Copyright © 2019 International Book Market Service Ltd., member of OmniScriptum Publishing Group

Inhalt

0. Danksagung

Die vorliegende Arbeit stellt den Abschluss meines Theologiestudiums dar und ich blicke voller Dankbarkeit auf die Zeit meines Studiums zurück. Die Thematik um die Erfahrbarkeit Gottes außerhalb des Bekenntnisses, die allgemeine Heilsmöglichkeit und Notwendigkeit der Kirche hat mich immer wieder in vielen spannenden Diskussionen beschäftigt. Umso interessanter war für mich, innerhalb einer Lehrveranstaltung auf den Gnadendiskurs Karl Rahners und seiner Konzeption des Anonymen Christentums zu stoßen. Die Auseinandersetzung mit Rahners Theologie war für mich ein gewinnbringender Prozess, der mir sicherlich einiges mehr an pastoralem Feingefühl beschafft hat.

Zudem erinnere ich mich an die vielen Begegnungen und fruchtbringenden Gespräche mit den lehrenden Professorinnen und Professoren sowie den Studienkolleginnen und –kollegen und hoffe sehr, dass mir vieles in der Praxis dienlich ist. Besonderer Dank gilt meinem Betreuer der vorliegenden Abschlussarbeit, Prof. Dr. Gregor Maria Hoff, für seine Unterstützung und die anregenden Gespräche in der Auseinandersetzung mit der behandelten Thematik. Von Herzen danke ich meinen Korrekturlesern für ihre Zeit und Mühe. Großen Dank schulde ich meinen Eltern, die mich während des Studiums - nicht nur finanziell - unterstützten, sowie allen Freunden und Arbeitskolleginnen und –kollegen aus der Loretto-Bewegung, die mich oft zeitlich freigespielt haben. Ein besonderer Dank gilt Pfarrer Gerhard Viehhauser, Georg Mayr-Melnhof und Patrick Knittelfelder für ihre Ermutigungen zwischendurch. Ich denke des Weiteren an die Namen, die so vielschichtig dahinterstehen und freue mich auf eine spannende neue Zeit, in die die Kirche hineingeht.

Und schließlich: Danke an Gott, der immer noch größer ist und niemals aufhört, uns mit seiner Gnade geheimnisvoll zu umwerben.

1. Einleitung

Wird heutzutage Gott noch erfahren in seiner Unmittelbarkeit und der Mensch begriffen in seiner Unbegreiflichkeit als Abbild des Geheimnisses, das sich uns entzieht und offenbart zugleich? Gibt es eine Möglichkeit, Gott außerhalb des Bekenntnisses zu bekennen und zu lieben und wie verhält es sich mit der Kirche als heilsnotwendiges Instrument?

In einer Welt, in der moderne Formen des Atheismus und Religionspluralismus groß geschrieben werden, wird nicht selten die Frage an das Christentum herangetragen, welchen Anspruch die genuin christliche Offenbarung noch habe. Beachtenswert ist die Antwort im konkreten Leben, die sich der Katholik ebenso wie der Atheist – oft unbewusst - gibt. Inwiefern ist der Vollzug dieser aber auf die Offenbarung in Jesus Christus hingeordnet?

Um der Frage nach dem christlichen Offenbarungsanspruch Genüge zu tun, wurde in der Theologie Ende des 19. Jahrhunderts auf Basis der natürlichen Theologie versucht, eine metaphysische Gotteslehre aufzubauen und in ihr – sozusagen von oben herab - der streng abgeschlossenen Block der christlichen Offenbarung integriert.[1] Dass dieser sperrige Klotz aber nur sehr künstlich verfügbar schien, lag nicht so sehr an der Angst der Apologeten vor einem „nach-metaphysischen Zeitalter", sondern an der sich aufdrängenden unbeantworteten Frage nach der anthropologischen Vermittlung der Glaubensdinge.[2]

Durch das Denkkonstrukt einer „transzendentalen" Vermittlung gelang es Maurice Blondel [3] als Ersten seiner Epoche, die Geltungsansprüche der christlichen Offenbarung in der Moderne in eine Verbindung mit der Vernunft zu stellen.[4]

In der Weiterentwicklung dieses neuen philosophischen Ansatzes durch Joseph Maréchal [5] fand über Karl Rahner ein Einzug in die Theologie statt, dessen Interpretationsmoment ein absolutes Novum darstellte.

[1] Vgl. Raffelt, Albert / Verweyen, Hansjürgen, Karl Rahner, 18.
[2] Vgl. ebd.
[3] Rahner kannte Blondels Werke „Le problème de la philosophie catholique" und „Itineraire philosophique" zwar, jedoch dürfte der indirekte Einfluss über Joseph Maréchal viel bedeutsamer gewesen sein, vgl. ebd., 20.
[4] Vgl. ebd., 18.
[5] Maréchals Anliegen war vor allem, eine Versöhnung zwischen der scholastischen Tradition und der Moderne einzuleiten, vgl. ebd., 21.

In der Folge deckt Rahner auf eine neue Weise auf, dass der Mensch in seinem Wesen tief in das Geheimnis Gottes hineinragt - oder anthropologisch ausgedrückt: dass Gott profund im Innersten des Menschen sichtbar und erfahrbar wird. Er begreift den Menschen als einen, der sich stets als ein transzendental Verwiesener auf das „heilige Geheimnis"[6] erfasst. Somit stellt sich die Frage, ob der Mensch im Sinne Melchior Canos neben den klassischen Fundorten des Glaubens als ein weiterer *locus theologicus* erfasst werden kann, nämlich insofern er Abbild Gottes ist.[7] Schöpfungstheologisch kann der Mensch sicherlich als dieser Fundort dienen. Anthropologisch gesehen stellt sich zugleich die Frage nach den ihm eigenen Wesenseigenschaften, beispielsweise der Möglichkeit der Gottesbegegnung, die als Spezifikum des Menschen über sich hinaus auf eine größere Wirklichkeit weist. Dies öffnet im Hinblick auf ekklesiologische Überlegungen natürlich ein weites Feld und ist die Basis, auf der Rahner später dann seine oft als kühn angesehenen Überlegungen in Bezug auf nicht-explizites Christentum aufbauen wird. Seine theologische Anthropologie zieht Rahner über das sogenannte „übernatürliche Existential" auf, das den Menschen in aller ihm aufgetragenen Subjektfreiheit zum Ereignis absoluter Selbstmitteilung Gottes macht.[8] Der Begriff des Existentials, das Rahner in einer scheinbaren Paradoxie als „transzendental" beschreibt und auf welches er die Grundpfeiler seiner Theologie aufbaut, löste unter den Kritikern natürlich auch einiges an Unverständnis aus.[9] Darauf werde ich im Verlauf der Arbeit noch zu sprechen kommen.

Die These, die Karl Rahner als Höhepunkt seiner anthropologischen Theologie zur Entfaltung bringt, ist, dass das menschliche Suchen nach Heil erst im Ereignis des „unüberbietbaren Heilbringers"[10] vollendet wird, der die Unmittelbarkeit Gottes vermittelt in Jesus Christus zeigt. Der Bezug auf Jesus Christus wird als heilsnotwendig konnotiert.

---

[6] Vgl. Rahner, Karl, Grundkurs des Glaubens, 63.
[7] Die Frage stellt sich, inwiefern sich der Fundort des Menschen zu den anderen loci verhält. Er kann niemals isoliert gedacht werden, sondern steht immer in Bezug zu anderen Quellen, die als Beurteilungskriterien zur Unterscheidung notwendig sind, was denn am Menschen genau Momente der Selbstoffenbarung Gottes sind.
[8] Vgl. ebd. 126.
[9] Zwar schon etwas älter, aber gut recherchiert hat dazu Nikolaus Schwerdtfeger, der einige der ernstzunehmenden Kritiker Rahners anführt und auf ihre berechtigten Einwände hin durchleuchtet, vgl. Schwerdtfeger, Nikolaus, Gnade und Welt, 23-54.
[10] Rahner, Karl, Grundkurs des Glaubens, 284.

Da dieses Offenbarungsgeschehen jedoch nicht in jedermanns Bewusstseins ist, es aber eine allgemeine Heilsmöglichkeit geben muss, versucht Rahner eine Synthese beider und entwickelt auf Basis seiner Tranzendentaltheologie den Begriff des „Anonymen Christentums“[11]. Hiermit behandelt er eine äußerst spannende und bedeutsame Frage, die Nikolaus Schwerdtfeger im Vorwort des Werkes „Gnade und Welt“ folgend würdigt: „Karl Rahner hat mit seiner Theorie der „anonymen“ Christen“ die drängende und viele irritierende Frage aufgenommen, wie eine Heilsmöglichkeit für alle Menschen mit der Heilsnotwendigkeit der konkret-geschichtlichen Kirche vereinbar sei.“[12] Inwiefern sich Gott dem Menschen in seiner Unmittelbarkeit außerhalb der bekennenden Kirche zeigen kann und wie dies christologisch zu deuten möglich ist, dem werden wir im Folgenden auf Basis der rahnerschen Thesen genauer nachspüren.

1.1. Ziel und Methode

Die Fragestellungen, denen wir uns im Folgenden widmen, lauten: Wie ist die Unmittelbarkeit Gottes in ihrer christologischen Verfasstheit unter anthropologischen Gesichtspunkten zu verstehen? Welche Rolle spielt das chalzedonensische Moment in der christologisch geprägten Selbstmitteilung Gottes im Hinblick auf das übernatürliche Transzendental?

Da der Schauplatz der Untersuchung Rahners „Anonymes Christentum“ darstellen wird, wird auch die Frage aufgeworfen, ob es überhaupt gerechtfertigt ist, von einem „anonymen Christentum“ zu sprechen und inwiefern und unter welchen Gesichtspunkten dieses Theologoumenon verteidigt werden kann. Die These, die ich dabei in Anlehnung an Karl Rahner aufstellen und überprüfen möchte, lässt sich in etwa in diese Worte kleiden: Gott hat sich in Jesus Christus dem Menschen irreversibel und unüberbietbar in einer christologisch vermittelten Unmittelbarkeit zugesagt. Durch den allgemeinen Heilswillen und die unverdiente Gnade ist eine unthematische Bejahung zu Jesus Christus ohne explizites Bekenntnis und damit einhergehend umfassendes Heil möglich.

---

[11] Den Ausdruck gebraucht Rahner das erste Mal beiläufig in einer Diskussion 1948, erst ein Jahrzehnt später wird er mit dem Inhalt gefüllt, den er heute birgt, vgl. Raffelt, Albert / Verweyen, Hansjürgen, Karl Rahner, 77.
[12] Schwerdtfeger, Nikolaus, Gnade und Welt, VII.

Durch die anthropologische Verfasstheit und das Schöpfungs- und Erlösungsmoment des Menschen wird dieser zum Ort einer christologischen Gnadenvermittlung Gottes.

Der Mensch als kreatürliches Wesen, das sich schon immer nach dem Göttlichen ausstreckt, befindet sich aus christlicher Perspektive - im Sinne von Chalzedon formuliert - zwischen der Unmittelbarkeit Gottes und ihrer Vermitteltheit im Gottmenschen Jesus Christus. Die Problemstellung der christologischen Vermitteltheit der Gnade und dem transzendentalen Apriori und ihrer konkret verfassten Kategorialität, kurz gefasst, wie Gott konkret Fleisch geworden ist und noch immer darin erfahrbar wird, werde ich im Folgenden am Ort des Menschen und dem „anonymen Christentum" untersuchen. Der Höhepunkt der Fragestellung zeigt sich darin, zu untersuchen, wie jemand außerhalb des kirchlichen Bekenntnisses gerechtfertigt sein kann und dies auf eine christologisch fundierte Basis gebracht werden kann. Was Rahners Theologie dabei auszeichnet, ist, dass er mit einer theologisch geprägten Anthropologie an die Geschichte herangeht und auf die ihr immanenten Transzendenz Gottes und deren Offenbarung schließt. Die Offenbarung ist im Sinne Rahners die anerkannte Anwesenheit der Transzendenz Gottes.

Durch die anthropologischen Prämissen eröffnen sich Tore, die für ein tieferes Verständnis des Heilsplanes Gottes angesichts einer Pluralität von Realitätsauffassungen im Hinblick auf das Weltverständnis sorgen und den Anspruch des genuin Christlichen nicht relativieren, sondern erst recht aktiveren. Das „anonyme Christentum" ist dabei der Versuch und die Folge eines weiter gedachten transzendental-anthropologischen Ansatzes.

Die vorliegende Arbeit soll einen Beitrag zum besseren Verständnis der Struktur der in Christus vermittelten Gnade in Jesus Christus leisten, in der uns Gott in seiner Unmittelbarkeit vermittelt wird.

1.2. Ausgangslage

Der persönliche Kontext Rahners, in denen sich das Theologumenon des Anonymen Christentums entwickelt, lässt sich in mehreren prägnanten Ereignissen und Phasen seiner Lebenszeit festhalten: Während der Jahre des Zweiten Weltkrieges befand sich Karl Rahner in Wien, wo er trotz schwieriger Umstände versuchte, Theologie zu treiben. Gerade die großstädtischen Herausforderungen und eine Art Neopaganismus forderten ihn zur Klärung des Verhältnisses von christlicher Offenbarung und Anthropologie heraus.[13] Zudem war die Kirche und der Glaube in ihrer Frage nach der Lebensrelevanz einer tiefgehenden Transformation ausgesetzt[14], derer Rahner auch teilhaftig werden würde.

Des Weiteren veranlassten ihn mehrere Ereignisse, sich dem Thema der Erlösungsfähigkeit des Menschen außerhalb des kirchlichen Kontexts zu widmen: zum einen seine langjährige pastorale Erfahrungen, zweitens die Begegnung und Auseinandersetzung mit dem Atheismus auf geistiger Ebene und auch Rahners Stellungnahme zur Enzyklika *Mystici Corporis Christi* von Pius XII., worin es ihm aber noch nicht um den Nichtchristen ging, sondern um nichtkatholische, gläubige Christen.[15] Angesichts der Lage von Nationalismus und Marxismus, die beide in einer Art Neo-Paganismus fußen schienen, drängte sich immer mehr die Frage nach der Heilsmöglichkeit jener Menschen auf, die sich offiziell der Amtskirche nicht zugehörig fühlten und die scheinbar der Anruf des Evangeliums in der erhofften Dringlichkeit noch nie getroffen hatte. Im Aufsatz „Der Christ und seine ungläubigen Verwandten“[16] von 1954 geht er indes konkreter an die Frage heran, indem er Bewusstsein dafür schafft, dass eine ausdrückliche Glaubenszuschreibung selbst unter nominellen Christen schwer möglich sei. Rahner pirscht sich jedoch an das Problem noch nicht theologie-theoretisch heran, sondern zuerst erkenntnis-theoretisch.[17]

[13] Eine Fragestellung, derer er sich während dieser Zeit widmete, war jene nach der übernatürlichen Offenbarung und dem Verhältnis zur natürlichen Theologie, die besonders in Rahners Schrift “Geist in Welt” und eine Stellungnahme zur Erkenntnistheorie des Thomas von Aquin grundgelegt wird.
[14] Vgl. Siebenrock, Roman A., Deus semper major, 73-90, 75.
[15] Vgl. Hoff, Gregor Maria, Anonyme Christen, in: SaThS 40 (2010), 347-364, 348.
[16] Rahner, Karl, Der Christ und seine ungläubigen Verwandten, in: Sämtliche Werke, Bd. 10, 274-289.
[17] Vgl. Hoff, Gregor Maria, Anonyme Christen, in: SaThS 40 (2010), 347-364, 349.

Mit dem Artikel „Exkurs: Über das Martyrium“ [18] und seinen theoretischen Verschriftlichungen in den 1960er Jahren begann das Theologoumenon des „Anonymen Christen“ tatsächlich zu schlüpfen. Als Antwort auf die Herausforderungen einer Zeit, in der das Christentum immer mehr an Plausibilität und Anziehungskraft verlor, begann Rahner, die Impulse des modernen Denkens positiv für die Theologie zu nutzen. Er suchte eine Verbindung zwischen Christentum und der Subjektivität des Menschen, die für ihn im übernatürlichen Existential gründet, das den Menschen als Wesen der Transzendenz kennzeichnet.[19] Hieraus schaffte er eine Verbindung von der Anthropologie zur Christologie.

Eine der größten Leistungen Rahners war wohl, der Kirche im 20. Jahrhundert einen Weg aus dem Modernismus-Konflikt zu weisen[20] und sie als ernst zu nehmende Diskussionspartnerin der Welt und der gegenwärtigen Zeit vorzustellen. Die Krise der Kirche bestand bis dato darin, dass es dem Versuch, das neuscholastische Denken weiterzuführen und mit Impulsen neuzeitlichen Denkens zu ergänzen, an Überzeugungskraft fehlte.[21] Mit Rahner war jedoch ein systematischer Denker gekommen, der die scholastischen Grundlagen mit kantischen, idealistischen und heideggerischen Ansätzen zu einer neuen, kraftvollen und kreativen Synthese inmitten neuer Weltanschauungen zusammenführte.[22]

Der belgische Jesuit Marèchal diente ihm dabei als Sprungbrett und Sammelstelle scholastischer und kantischer Grundlagen und halfen ihm, seine gesamte Theologie des übernatürlichen Existentials und absoluten Heilsbringers philosophisch vorzubereiten.[23] Zudem scheint er auch von Husserls und Heideggers Phänomenologie beeinflusst worden zu sein, was sich unter anderem darin zeigt, dass er das Sein und Erkennen sehr eng verknüpft und das Wesen des Seins als „Bei-sich-sein“ versteht.[24]

---

[18] Vgl. Rahner, Karl, Über die Theologie des Martyriums, in: Zur Theologie des Todes (QD 2), Freiburg i. Br., 1957.
[19] Vgl. Carr, Anne, in: Musser, Donald / Price, Joseph L. (Hg.), A New Handbook of Christian Theologians, 376.
[20] Vgl. Schöndorf, Harald, Vorwort, in: QD 213, 7.
[21] Vgl. ebd.
[22] Vgl. ebd.
[23] Vgl. ebd., 9.
[24] Laut Schöndorf verstand auch Thomas von Aquin bereits so, vgl. ebd., 16. Johannes Shim sieht in Rahners Gleichsetzung von Sein und Erkennen allerdings eine Fehlinterpretation der thomistischen Denkweise, vgl. Shim, Johannes, Glaube und Heil, 191f.

Rahners Verdienst war unter anderem, die großen Dialogpartner der Kirche nicht in der Philosophie, sondern in den Natur – und Gesellschaftswissenschaften zu sehen, die das Selbstverständnis des Menschen definieren.[25] Sein Ruf galt einer neuen „Mystagogie“, in der das Potential religiöser Erfahrung inmitten eines säkularen Kontexts erforscht werden soll: [26] Rahner vereinigt scheinbar kontradiktorische Momente in einem chalzendonensischen Verhältnis und einer dynamischen Spannung: das Heilige und das Profane, das Göttliche und das Menschliche, die Theologie und die Philosophie, die Gnade und die Natur sowie die Transzendenz mit der konkreten Geschichte.[27] Dabei war gerade die Frage nach dem Verhältnis von Natur und Gnade war eine brennende Thematik, die ihn ebenso wie Hans Urs von Balthasar und Henri de Lubac in der traditionell scholastischen Erklärung nicht zufriedenstellte: „Um die Unverdientheit der Gnade außer allen Zweifels zu stellen, hatte man aus der Menschennatur ein sich selbst genügendes System gemacht, dem Gott dann noch zusätzlich Gnade hinzufügte. Auf diese Weise war eine theologische Konzeption entstanden, die Rahner kritisch als ‚Zwei-Stockwerk-Theorie‘ zu bezeichnen pflegte.“ [28] Diese war unzufriedenstellend und bedurfte dringender Reflexion. Auf der Suche nach der Klärung des Gnade-Natur-Verhältnisses entwickelte Rahner den Begriff des „übernatürlichen Existentials“, welcher erlaubt, die Natur auf Vervollkommnung auszurichten, ohne die Gnade zu einer notwendigen Forderung seitens der Natur zu machen.[29]

---

[25] Vgl. Carr, Anne, in: Musser, Donald W. / Price, Joseph L. (Hg.), A New Handbook of Christian Theologians, 382.
[26] Vgl. ebd.
[27] Ebd., 376.
[28] Schöndorf, Harald, Die Bedeutung der Philosophie bei Karl Rahner (QD 213), 13-29, 17.
[29] Vgl. ebd.

2. Die transzendentale Verwiesenheit des Menschen

In der Theologie Rahners gibt es zwei Ausgangspunkte: Erstens den philosophischen Grundzug, der bei Heidegger und dem Fragen des Menschen nach seiner Existenz ansetzt und mit dem er über Kant und dem Jesuiten Joseph Maréchal zu einem Neo-Thomismus gelangt, zweitens seinen theologischen Ausgangspunkt, der gnadentheologisch geprägt ist.[30]

Um die Theologie Rahners und das übernatürliche Existential, das er annimmt, angemessen zu verstehen, ist es notwendig, einen Schwenk auf die erkenntnisphilosophischen Voraussetzungen zu machen und zu fragen, wie der Mensch etwas erkennen und bejahen kann.

So ist der transzendentale Ansatz, dem sich Rahner widmen wird, bereits bei Kant in der Weise grundgelegt, dass er die Bedingungen der Erkenntnis im Erkenntnissubjekt feststellt und sich fragt, worauf sich synthetische Urteile a priori im Verhältnis zu Erfahrungsurteilen beziehen.[31] Seine Überlegungen münden in weiterer Folge in die Frage nach der Möglichkeit, die das erkennende Subjekt zur Erkenntnis beisteuert, indem er nicht nur das sinnlich Gegebene, sondern auch den tätigen Verstand als Basis nimmt. Maréchal denkt dies weiter und fragt, welche Berechtigung spontane Erkenntnis hat, sich auf die Wirklichkeit zu beziehen. So entwickelt er die Idee des Dynamismus des Intellekts[32], das Folgendes meint: Das Erkennen ist Aufarbeiten des Begegnenden und Ausrichtung des Verstandes auf die Wirklichkeit.[33] Maréchal verbindet diese These im Weiteren mit der Frage nach den Bedingungen der Möglichkeit von spontaner Erfahrungserkenntnis und führt aus, dass bei der Analyse des Urteils eine konkrete Bejahung oder Verneinung erfordert wird. Je nachdem, ob dies faktisch geschieht, wird sie als kategoriale („konkretive") oder affirmative („objektive") Synthese bezeichnet.[34] Der Bezug der Urteilsbejahung auf einen „umfassenden Bereich" wird dabei absolut gedacht und auch als das „Göttliche" gesehen, das dem menschlichen Streben der Möglichkeit nach offen

---

[30] Vgl. Carr, Anne, in: Musser, Donald W. / Price, Joseph L. (Hg.), A New Handbook of Christian Theologians, 376.

[31] Vgl. Muck, Otto SJ, Thomas – Kant – Maréchal: Karl Rahners transzendentale Methode (QD 213), 34.

[32] Balthasar kritisiert die maréchal-rahnersche Thomasdeutung in Bezug auf den Dynamismus des Intelllekts und gibt zu bedenken, dass ein anderes als das thomanische Seinsverständnis angenommen wird. Ob diese Kritik gerechtfertigt ist, sei dahingestellt, vgl. Balthasar, Hans Urs von, Cordula oder der Ernstfall, 125.

[33] Vgl. Muck, Otto, Thomas – Kant – Maréchal: Karl Rahners transzendentale Methode (QD 213), 36.

[34] Vgl. ebd., 38.

steht. [35] Der Akt bewusster oder unbewusster Bejahung wird später einen wesentlichen Bestandteil der These des „Anonymen Christentums“ darstellen.
Der Jesuit Otto Muck rechtfertigt Rahners philosophischen Ansatz folgendermaßen: „In dieser transzendentalen Analyse wird das unthematisch im urteilenden Erkennen Mitgewusste thematisiert. Das legt nahe, die unthematisch mitgewussten und durch transzendentale Analyse aufzudeckenden Möglichkeitsbedingungen als ‚*transzendental*‘ zu bezeichnen.“[36] Ausdrückliche Erkenntnis werde im Gegensatz dazu als „kategorial“ beschrieben. Diese Unterscheidung wird in der Folge in Bezug auf sein entwickeltes Theologumenon eine Rolle spielen.
Insofern sich Rahner auf die weltimmanente Transzendenz Gottes bezieht, könnte man ihn als transzendentalen Thomisten bezeichnen, der auf Basis des Fragens nach dem übernatürlichen Transzendental sowohl kantisch als auch thomistisch denkt. [37] Im Unterschied zu Maréchal legt Rahner aber seine Transzendentalphilosophie viel breiter an, indem er das a priori nicht nur formal und ontologisch im Sinn einer im Erkennenden ermöglichenden Fähigkeit voraussetzt, sondern es auch material in einem existentialen Vollzug in Beziehung zum konkret Erlebten setzt. Insofern geht er sowohl über Maréchal als auch über Martin Heidegger hinaus. [38] Zudem legt Rahner seiner philosophischen Theologie ein Seinsverständnis zugrunde, mit dem er den Menschen auf das Ganze der Wirklichkeit bezieht. Dieses durchzieht seine ganze weitere Theorieentfaltung, denn „[e]ine metaphysische Enthaltung gegenüber der Seinsantwort ist deshalb nicht möglich, weil zum Dasein des Menschen ständig und notwendig das Woher einer Antwort und damit einschlussweise auch die Antwort auf die Seinsfrage selbst in seinem Dasein setzt.“ [39] Als Basis nimmt Rahner eine enge Verbindung von Erkennen und Sein an, und zwar „im Sinn einer grundlegenden Identität von Sein und Erkennen und deren Abstufung in den Seienden von der Analyse unseres Fragens, genauer der Fragbarkeit und Fraglichkeit des Seins“[40]. So schafft er den Bogen zurück zur konkreten Verfasstheit des Menschen.

---

[35] Vgl. ebd., 39.
[36] Muck, Otto, Thomas – Kant – Maréchal: Karl Rahners transzendentale Methode (QD 213), 41.
[37] Vgl. Carr, Anne, in: Musser, Donald W. / Price, Joseph L. (Hg.), A New Handbook of Christian Theologians, 376.
[38] Vgl. Muck, Otto, Thomas – Kant – Maréchal: Karl Rahners transzendentale Methode (QD 213), 46f.
[39] Rahner, Karl, Hörer des Wortes, in: Sämtliche Werke, Bd. 4, 57.
[40] Muck, Otto, Thomas – Kant – Maréchal: Karl Rahners transzendentale Methode (QD 213), 53.

Auch Maurice Blondel scheint durch sein Werk „L'Action. Essai d'une critique de la vie et d'une science de la pratique" einen indirekten Einfluss auf Rahner ausgeübt zu haben, wie Verweyen und Raffelt feststellen.[41] Blondel fragt darin nach der Sinnfrage, die man grundsätzlich philosophisch verneinen muss, da sie den Kompetenzbereich der Wissenschaft überschreite, aber eine Seinsbejahung beziehungsweise sogar einen impliziten Glaubensakt berge.[42] Dennoch darf man sich nicht darüber hinweg täuschen lassen, dass sich die Seinsverständnisse beider unterscheiden:
Blondel setzt bei der Handlung an und entdeckt in ihr ein Streben nach einem menschlich uneinforderbaren Gnadengeschenk. Er sieht in jedem Handeln einen von uns gesetzten Handlungssinn, der immer über uns hinaus ist und niemals ganz eingeholt werden kann. Rahner dagegen setzt existentialontologisch an und kommt vom übernatürlichen Existential her auf die Notwendigkeit, dass das über uns Hinausgreifende im existentiellen Sinn vollzogen und bejaht werden muss.
Er argumentiert erkenntnistheoretisch auf der Basis der Phänomenologie und schließt auf Grundlage der scholastischen Tradition, vermengt mit Kant, Maréchal und Heidegger auf das Sein.[43] Blondel kommt von Descartes und Leibniz her und fühlt sich ganz dieser Tradition verpflichtet. Aber auch wenn es philosophische Differenzen und unterschiedliche Herangehensweisen gab, so legen beide einen großen Wert auf den (christlichen) Vollzug des Handelns und nicht umsonst erweitert Blondel seine Philosophie der „action" um eine des Erkennens, Denkens und des Seins.[44]

Insgesamt stellte Rahner mit der vollen Entfaltung seiner Transzendentaltheologie und der Bestimmung des Menschen als Vorgriff auf das absolute Sein im Zusammenhang mit der freien und geschichtlichen Selbstmitteilung Gottes einen so starken Konnex her, dass Religionsphilosophie und Theologie ineinander über zu fließen scheinen.[45] Oftmals wird deshalb sowohl seine Philosophie als auch Theologie als Anthropologie gekennzeichnet.

---

[41] Vgl. Henrici, Peter, Karl Rahners „Hörer des Wortes" und Maurice Blondels „L'action" (QD 213), 84.
[42] Vgl. ebd., 88.
[43] Vgl. ebd., 95.
[44] Vgl. ebd.
[45] Die Vernachlässigung der Philosophie zugunsten der Theologie und die Verunklarung der Differenzen wurde ihm auch zum Vorwurf gemacht, vgl. Müller, Klaus, Zur Verantwortung des Glaubens. Ein Aufriss fundamentaltheologischer Positionen im Streit um die Rolle der Philosopie in

Schöndorf scheint diese Begrifflichkeit zu kurz zu greifen[46] und entlarvt das Denken Rahners und seine Analyse des Menschen zuerst einmal als erkenntnistheoretisch, das aber im gleichen Atemzug über das „Sein" Auskunft gibt. Auf dieselbe Weise agiere die Existenzphilosophie. Insofern schlägt er den Begriff der „Transzendentalontologie" für Rahners philosophischen Überlegungen vor.[47] Letzten Endes könne die Begriffsstreitigkeit aber auch nur als Wortklauberei gedeutet werden, da es Rahner selbst nivelliert, indem er sagt: „Sobald der Mensch begriffen wird als das Wesen der absoluten Transzendenz auf Gott hin, sind ‚Anthropozentrik' und ‚Theozentrik' der Theologie keine Gegensätze, sondern streng ein und dasselbe (von zwei Seiten ausgesagt)"[48].

Die Grundthese, die in Folge die gesamte Theologie und Anthropologie Rahners durchwirken wird, ist jene, dass der Mensch ein Wesen der Transzendenz ist, durch das Gott als das „heilige Geheimnis" [49] hineinragt in die Geschichtlichkeit des Einzelnen. Er definiert den Menschen weiter als „jenes Seiende, dem sich die unverfügbare und schweigende Unendlichkeit der Wirklichkeit als Geheimnis dauernd zuschickt."[50]

Rahner sieht also die Verwiesenheit auf die mit dem Verstand nicht völlig erfassbare Wirklichkeit Gottes, jenes Geheimnis, dass sich uns ständig durch seine Gnade offenbart und doch uns entzogen bleibt, als das konstitutive Element der Subjekthaftigkeit des Menschen. Ohne diese Verwiesenheit wäre der Mensch nur ein „findiges Tier"[51]. So aber sieht er sich zwischen Endlichkeit und Unendlichkeit gestellt, in völliger Freiheit und doch totaler Abhängigkeit von seiner existentiellen Verwiesenheit auf seinen Ursprung. Ohne diese Über-sich-hinaus-ragen ist der Mensch nicht „Mensch".

---

der Theologie- nach Rahner, in: Klauke, Heinrich [Hg.], 100 Jahre Karl Rahner. Nach Rahner. Post et secundum, Köln 2004, 93.

[46] Ihm ist klar, dass letztens Endes alle Fragen einen anthropologischen Bezug haben und in der Weise als Anthropologie verstanden werden können. Dennoch betont Schöndorf, dass diese Begrifflichkeit leicht zu Missverständnissen führen könne, da Rahner durchaus auch andere Denkansätze hat. Nichtsdestotrotz sieht es Rahner selbst als anthropologische Auslegung, vgl. Rahner, Karl, Theologie und Anthropologie, in: Schriften VIII, 1967, 43-65, 43: „Die Absicht dieses kleinen Beitrags ist es zu zeigen, dass die dogmatische Theologie heute theologische Anthropologie sein muss, dass eine solche ‚anthropozentrische Wendung' notwendig und fruchtbar ist."

[47] Vgl. Schöndorf, Harald , Die Bedeutung der Philosophie bei Karl Rahner (QD 213), 13-29, 25.

[48] Rahner, Karl, Theologie und Anthropologie, in: Schriften VIII, 43-65, 43.

[49] Vgl. Rahner, Karl, Grundkurs des Glaubens, 67.

[50] Ebd., 39.

[51] Vgl. ebd., 54.

Der Mensch gilt als Referenz für Gott, der sich als heiliges Geheimnis in der „Bedingung der Möglichkeit einer kategorialen Erkenntnis“[52] (Transzendenz) ihm ständig „zuschickt“, sprich: offenbart. Insofern qualifiziert Rahner die Fähigkeit des Hörens auf das heilige Geheimnis und damit dem sich ihm dauernd ergehenden Anruf Gottes als *potentia oboedientalis*[53] sachlich als dem Wesen des Menschen identes Vermögen.[54] Dieses transzendentale Gegenüber, das zugleich ihm als übernatürliches Existential innerlich ist, konstituiert somit erst seine Identität. Die Subjekthaftigkeit umgreift der Mensch durch den Vollzug seines Seins.

Für Rahner dient die Philosophie gleichsam wie im scholastischen Denken als *ancilla theologiae* und die Erkenntnisphilosophie als Sprungbrett für seine Existenztheologie, der er auch den Begriff des „Existentials“ entlehnt. Konkret sieht er das Wesen der Theologie im Hören der von Gott geschenkten Offenbarung, während die Religionsphilosophie als „Ontologie der potentia oboedentialis für Offenbarung“[55] dessen anthropologische Grundlagen aufdeckt. Philosophie ist im Sinne Rahners immer „adventistisch“ und eine „preparatio evangelii“,[56] indem sie den Menschen für das Hören der Botschaft Gottes präpositioniert. Wichtig für eine Entwicklung der These eines „anonymen Christentums“ ist für ihn die aus der Philosophie stammende Unterscheidung von gegenständlich Gewusstem und ungegenständlichem, unthematischem Bewusstsein, im Weiteren dann auch die Differenz und Einheit (nicht Identität!) zwischen begrifflich Ausgesagtem und dem unreflektierten Horizont einer Aussage.[57] Als Grundlage für die Entfaltung seines Theologumenon nimmt er im Menschen ein übernatürliches Existential an, dass sein Wesen bestimmt und ihn für den Anruf Gottes disponiert.

---

[52] Rahner, Karl, Grundkurs des Glaubens, 67.
[53] Vgl. Raffelt, Albert, Art. Potentia oboedientialis, in: [3]LThK 8, 459-460.
[54] Vgl. Rahner, Karl, Grundkurs des Glaubens, 210.
[55] Rahner, Karl, Hörer des Wortes, in: Sämtliche Werke, Bd. 4, 16.
[56] Vgl. Rahner, Karl, Hörer des Wortes, in: Sämtliche Werke, Bd. 4, 272.
[57] Vgl. Rahner, Karl, Bemerkungen zum Problem des „Anonymen Christen“, in: Schriften zur Theologie, Bd. X, 531-546, 538f.

2.1. Das übernatürliche Existential

Van der Heijden bringt Rahners transzendentale Verwiesenheit des Menschen kompakt auf dem Punkt, indem er sagt: „Die Antwort auf die Frage, die der Mensch ist, ist Gott selber."[58] Biblisch wird diese Verwiesenheit auf Gott bereits im ersten Kapitel der schriftlichen Überlieferung sichtbar, wenn in Genesis 1,27 die Kreatürlichkeit des Menschen zur Sprache kommt und er als „Abbild Gottes" [imago Dei] bezeichnet wird.[59] Um in einem bildlichen Vergleich zu sprechen: Ein Kunstwerk (oder eben auch ein „Abbild") lässt immer und ganz unentbehrlich die Frage nach seinem Künstler aufkommen. So begreift Rahner die Schöpfung als das erste Moment der Offenbarung Gottes und lässt im Menschen die unentbehrliche Frage nach dessen Schöpfungsgrund aufblitzen. Die Existenz des Menschen hört somit nicht auf, immer wieder nach dem letzten Seinsgrund zu fragen, die zielgerichtet ihre endgültige Antwort in der Vollendung des Menschen erhält.

Rahner bestimmt den Menschen – wie wir bereits feststellten - zunächst epistemologisch als jenes Wesen, das mit der Fähigkeit der *potentia oboedentialis* ausgestattet ist und somit offen ist für das Sein schlechthin als eine Wirklichkeit, die über ihn selbst hinausweist. In diesem Status ist die Offenheit, die gnadenhaft vermittelt ist, entweder verborgen oder offensichtlich.[60] Das bedeutet also, dass der Mensch als solcher, indem er als Wesen der Transzendenz, das sich in einer Disposition der unverdienten gnadenvollen Zuwendung Gottes befindet, „Hörer des Wortes"[61] ist, weil er sich als jemand erfährt, der die Bedingung der Möglichkeit des Gnadenanrufs Gottes besitzt. Er befindet sich in einer strukturellen Verfasstheit, die er sich nicht selber gegeben hat. Diese Verwiesenheit ist ein wesentlicher Pfeiler, der den Menschen als Hörenden des Anrufes Gottes qualifiziert.

Das transzendentale Wissen ist dabei vor-reflexiv und beinhaltet die Tatsache, dass sich der Mensch seiner eigenen Existenz bewusst ist.[62]

[58] Van der Heijden, Bert, Karl Rahner, 200.

[59] Im Gegensatz zu Rahner unterscheidet Barth zwischen der Geschöpflichkeit des Menschen und der Gottesebenbildlichkeit, durch die er dem Menschen als solchen keine Gotteserkenntnis zuschreiben will, vgl. dazu Friedmann, Edgar Herbert, Christologie und Anthropologie, 74.

[60] Er setzt dabei voraus, dass es keine "reine Natur" in dem Sinn gibt, sondern die Natur immer schon auf die Gnade bezogen und ausgerichtet ist, insofern sie „Sinn" hat, vgl. Carr, Anne, in: Musser, Donald W. / Price, Joseph L. (Hg.), A New Handbook of Christian Theologians, 377.

[61] Vgl. Rahner, Karl, Sämtliche Werke, Bd. 4, 1997.

[62] Vgl. Carr, Anne, in Musser, Donald W. / Price, Joseph (Hg.), A New Handbook of Christian Theologians, 376.

In seinen Werken „Geist in Welt“ und „Hörer des Wortes“ weist Rahner auf, dass alles Erkennen und Handeln des Menschen in der Welt immer eine Bejahung eines gesetzten Zielgrundes allen Erkennens und Handelns voraussetzt, der erstrebenswert ist. Insofern ist Erkenntnis – einschließlich der Erkenntnis Gottes - niemals ein abschließbarer Prozess, sondern ein Dynamismus, der ebenfalls einer Transzendenzbegewegung angehört.[63]

Wichtig ist dabei die Notiz, dass das Kategoriale das Transzendentale vermittelt und umgekehrt (auch wenn das Bedingungsverhältnis nochmal extra geklärt werden müsste).[64] Die höchste Kategorialität der Gnade Gottes wird dabei im absoluten Heilsbringer sichtbar:

Insofern sich Gott durch den *logos* auf unüberbietbare Weise dem Menschen gezeigt hat, nimmt jedes Suchen des Menschen nach Vollendung Bezug auf das geschichtlich gewordene Heilsereignis. Selbst die Sprache und Fähigkeit zur Kommunikation ist ein Existential des Menschen, das die Logizität zu einem Ort der Begegnung mit dem göttlichen *logos* macht.

Im „Grundkurs des Glaubens“ beschreibt Rahner die Grundverfassung des Menschen auch als „die in der Geschichte suchende und Ausschau haltende (...) Antizipation des absoluten Heilsbringers“[65]. Die Begründung dafür findet er darin, dass der konkrete, geschichtliche Mensch faktisch schon immer in einem übernatürlichen existentialen Bereich stehe, der seinen Grund in Christus hat.[66] Dies wird dadurch erklärt, dass Christus als der geschichtlich sakramentale Heilswille Gottes und Mensch der einen Menschheit einen Raum der bleibenden Gnade in seiner Endgültigkeit schafft, die ihren konkreten Ort im einzelnen Menschen findet. Deshalb ist der Mensch schon immer in einer „spezifisch Christus-bestimmten Situation“[67], ob er die Gnade angenommen hat oder nicht[68].

---

[63] Vgl. Siebenrock, Roman A., Deus semper major, 73-90, 78.

[64] Vgl. Rahner, Karl, Bemerkungen zum Problem des „Anonymen Christen“, in: Schriften zur Theologie, Bd. X, 531-546, 539.

[65] Rahner, Karl, Grundkurs des Glaubens, 303.

[66] Vgl. Schwerdtfeger, Nikolaus, Gnade und Welt, 167.

[67] Rahner, Karl, Atheismus und implizites Christentum, in: Sämtliche Werke, Bd. 21/2, 885-903, 886.

[68] Hier differenziert Rahner zwischen jenen, die die Gnade existentiell angenommen haben und jenen, die im Status des Angebots noch nicht darauf zurückgegriffen haben und will zweitere nicht sofort als „anonyme Christen“ deklarieren, vgl. Rahner, Karl, Atheismus und implizites Christentum, in: Sämtliche Werke, Bd. 21/2, 885-903, 886.

In diesem Vollzug des Annehmens des Vorgefundenen leuchtet bereits das auf, was „Kirche“ im eigentlichsten Sinne ist: bleibende Gegenwart Gottes und bleibendes geschichtliches Medium.[69] Darauf werden wir im weiteren Verlauf noch zu sprechen kommen. Das übernatürliche Existential ist nach Rahner nicht nur im Modus der Hinordnung auf die Gnade gegeben, sondern bereits im das Angebot objektiver Rechtfertigung[70], das subjektiv – in diesem Raum, der die Kirche ist - vollzogen wird. Eine Frage, die den Raum der Menschheit erfüllt, ist jene nach der Vollendung. Auch sie wird getragen von der wesenhaften Bestimmung des Menschen auf Gott hin.

2.2. Die existentielle Frage nach der Vollendung

Die Fragen, woher der Mensch kommt und wohin er geht, bewegen den Menschen, seitdem er ist. Es ist nicht so, dass ihm die gegebene Zeit gleichgültig wäre, sondern er sucht den immanenten Sinn seiner Existenz. Und tatsächlich bietet die „Zeit“ einen Hinweis auf die „Ewigkeit“, die nicht endlose Zeit, sondern „Vollendung der Zeit“ bedeutet, genauso, wie der Mensch nach seiner eigenen „Vollendung“ strebt, denn „Zeit wird Irrsinn, wenn sie sich nicht vollenden kann“[71]. Die Ewigkeit ist nach rahnerschen Auffassung nicht die Verlängerung der Zeit nach dem Tod, sondern ihre endgültige Erfüllung.[72] Die Bewegung des menschlichen Daseins beschreibt er mit folgende Worten: „So ist die Transzendenz (=Gott) Anfang und Ermöglichungsgrund sowie Ziel und Erfüllung des menschlichen Seins“[73].

In seinen Werken „Geist in Welt“ und „Hörer des Wortes“ weist Rahner auf, dass alles Erkennen und Handeln des Menschen in der Welt immer eine Bejahung eines gesetzten Zielgrundes allen Erkennens und Handelns voraussetzt, der erstrebenswert ist.[74]

---

[69] Vgl. Rahner, Karl, Schriften zur Theologie, Bd. 3, 294.
[70] Vgl. Schwerdtfeger, Nikolaus, Gnade und Welt,165.
[71] Rahner, Karl, Grundkurs des Glaubens, 259.
[72] Vgl. Carr, Anne, in: Musser, Donald W. / Price, Joseph L. (Hg.), A New Handbook of Christian Theologians, 383.
[73] Joha, Zdenko, Christologie und Anthropologie, 21.
[74] Vgl. Miggelbrink, Ralf, Transzendentales Denken und Letztbegründung. Die zeitgenössische Problematik und das Denken Karl Rahners, in: Klauke, Heinrich [Hg.], 100 Jahre Karl Rahner. Nach Rahner. Post et secundum, Köln 2004, 31.

Er spricht von einem „Vorgriff", der als grundlegende Handlung menschlichen Erkennens gelte: „Die menschliche Erkenntnis ist als vorgreifende auf das schlechthin Unendliche ausgerichtet, und darum ist der Mensch Geist."[75]

Raffelt und Verweyen stellen in ihrer Rahner-Einführung mit Verweis auf Hans Urs von Balthasar die Frage, ob dieser Vorgriff auf Gott gültig bestehen bleiben kann, wenn sich dieser inkarniert ein für alle Mal der Welt in unüberbietbarer Weise geoffenbart hat.[76] Balthasars Zweifel werden dahingehend beschrieben, dass alles transzendente Vorgreifen des Subjekts bloß einer ungenügenden Wirklichkeitsbeschreibung gleichkomme und sich Gott nur in der objektiv-geschichtlichen Wirklichkeit als „Sein" offenbart.[77]

Balthasar entgegnend kann angemerkt werden, dass der Vorgriff und deren Erkenntnis zwei verschiedene Dinge sind, die sich nicht unbedingt aufheben.

Selbst wenn Christus als das geoffenbarte Wort Gottes erkannt wird, bedeutet das noch lange nicht, dass deshalb der Mensch nicht über sich hinausweist eben auf diese Offenbarung der Gnade Gottes hin, auf die er existentiell angelegt ist.

Eine weitere Explikation, die diese Kritik aufwirft, geht in die Erkenntnistheorie: Inwiefern kann ich die Kenntnis Jesu Christi „besitzen"? Selbst wenn Gott *be*kannt wird, bedeutet das noch lange nicht, dass er in seiner Vollständigkeit *er*kannt werden kann. Insofern bleibt selbst die Kenntnis des absoluten Heilsbringers ein Vorgriff auf die Vollendung.

In Anbetracht der vorangegangenen Überlegungen sieht Rahner trotzdem diesen „Vorgriff" als einen, der existential und konkret bejaht und vollzogen werden kann (und muss!) und insofern auch geschichtlich greifbar wird. Paradoxerweise ist sein gewählter Schauplatz unter anderem seine entwickelte „Theologie des Todes"[78], die ihn dazu führt, gnadentheologische Überlegungen über einen möglichen Hingabeakt des Menschen während des Todes anzustellen. Indem er den Tod als existentiales Geschehen begreift, sieht er ihn nicht einfach als Abbruch von außen und gewaltsame Beendigung einer geistpersonalen Wirklichkeit, sondern vielmehr als Vollendung von innen her.[79]

---

[75] Rahner, Karl, Geist in Welt, in: Sämtliche Werke, Bd. 2, Schriften zur Religionsphilosophie und zur Grundlegung der Theologie, 146.

[76] Vgl. Raffelt, Albert / Verweyen, Hansjürgen, Karl Rahner, 46.

[77] Vgl. ebd.

[78] Vgl. Rahner, Karl, Zur Theologie des Todes (QD 2), Freiburg 1958.

[79] Vgl. Raffelt, Albert / Verweyen, Hansjürgen, Karl Rahner, 82-83.

Diese wird in der Art, wie sich der Mensch dem „unverfügbaren Geheimnis" überlässt und sich in das jesuanische Logion „Es ist vollbracht" in der Rückgabe des eigenen Lebens hingibt, bestimmt. Im Modus der Hoffnung ist ein persönlich vollzogenes Sterben eine Tür zum Urgrund des Seins, der bis dato noch unerkannt und unvermittelt erschienen sein mag. Der Tod kann entweder ein Akt der Verzweiflung und ein Sterben in eine Sinnlosigkeit hinein sein, oder „der vom Menschen in Umfassung seines ganzen Wesens gesetzte Akt der Bereitschaft, eine mögliche Antwort auf die Todesfrage von anderswoher zu vernehmen, der Akt der Weggabe seines ganzen Seins in den Gehorsam hinein, dass der ‚ganz Andere' über ihn verfügen könne"[80]. Der Mensch verleiht in der Hingabe an den Tod diesem sinnlosem Geschehen einen Sinn, der den Tod an sich übersteigt und ihn zu einem Tor für ein Leben in der kommenden Welt macht. Insofern vollzieht und aktualisiert er die Gnade der *potentia obedientialis.*[81] Durch den Todesakt Jesu und die in seinem Sterben angenommene Stellvertretung für das Menschengeschlecht eröffnet sich im Augenblick des Todes ein Freiheitsakt, der eine Entscheidung verlangt, in einer vollendeten Endgültigkeit gipfelt und durch seine bewusste Annahme auch ein Vertrauens – und Glaubensakt ist. Hier wird der Tod zu einem Topos der Gottesbegegnung, weil er in seinem bewussten Vollzug ein Tor zur Unmittelbarkeit Gottes darstellt.

Durch die Bedingung der Möglichkeit der Gottesschau bewegt sich der Mensch - durchtränkt und fixiert durch die Selbstmitteilung des Ziels - auf das endgültige Ziel der *visio beatifica*[82] hin. Entgegen des deutschen Idealismus weist Rahner die Vorstellung zurück, dass Gott nur die immanente Bewegung des unendlichen menschlichen Geistes wäre.[83] Insofern wäre eine gegenständliche Erfahrung – sofern man sie so bezeichnen kann - der „visio beatifica" sinnlos. Schwerdtfeger fragt in weiterer Folge, wie der Mensch in Anschauung von der Unmittelbarkeit Gottes verschont und als eigenes, endliches Individuum bestehen bleiben kann. Sicher ist für Rahner erst einmal – und damit stellt er sich in die traditionelle scholastische und platonische Auffassung der *visio beatifica* - dass nur Gleiches mit

---

[80] Rahner, Karl, Passion und Aszese, in: Schriften zur Theologie, Bd. III, 73-104, 91.
[81] Vgl. ebd., 92.
[82] Vgl. Rahner, Karl, Grundkurs des Glaubens,130.
[83] Vgl. Siebenrock, Roman A., Deus semper major, 73-90, 80.

Gleichem[84] erkannt beziehungsweise erschaut werden kann und somit kein bloßes „Anschauen", sondern in engster Weise eine existentielle Angleichung des Menschen an Gott gemeint ist. Mit dem Werkzeug der formursächlichen Wirklichkeit pirscht sich er sich dann weiter an eine tiefere Verständnisweise der Gottesschau an und erklärt, dass höchste Einheit in vollster Unterschiedlichkeit bestehen bleibe. Hier äußert sich ein Moment der Unverfügbarkeit Gottes als ein im Letzten undurchdringlichen Geheimnisses, dass sich dennoch uns ständig mitteilt.

Rahner schneidet in Bezug auf Gottes Menschwerdung und der Vervollkommnung noch eine andere Fragestellung an: Ihn interessiert, ob der Unveränderliche überhaupt etwas „werden" kann. Er stellt fest, dass dies wahrhaft der Fall ist und dies nicht als Zeichen der Bedürftigkeit, sondern als Höhe seiner Vollkommenheit qualifiziert werden muss.[85] Als glaubensmäßig gegebenes Urphänomen bestimmt er dafür die Selbstentäußerung, die *kenosis* und das Werden, die *genesis* Gottes, indem er „im Setzen des entsprungenen anderen selbst das Entsprungene *wird*"[86], ohne jedoch das Eigene und Ursprüngliche aufzugeben. Hier befinden wir uns mitten in der chalzendonensischen Diskussion. Insgesamt lässt sich sagen, dass Rahner die Menschwerdung Gottes als bleibend gültiges Prinzip sieht, dessen Bedeutung für unser Verhältnis zur Unmittelbarkeit Gottes ewig Bestand hat.[87]

2.3. Der Mensch als Ort der Selbstmitteilung Gottes

Wenn wir den Menschen als Abbild Gottes begreifen, dann bekennen wir auch gleichzeitig ein Streben zu diesem Grund seiner Existenz. Obwohl die Offenbarung Gottes nicht vom Menschen her begründet werden kann (da sie immer ungeschuldet und niemals „notwendig" ist)[88], geht Rahner von den anthropologischen Gegebenheiten aus und fragt nach der Bedeutung und Erkenntnis der apriorischen Möglichkeit des Hörenkönnens einer Botschaft Gottes.[89] Insofern jeder Mensch eine *potentia oboedentialis* in sich trägt, gilt jeder auch als Hörer der Botschaft und ist

[84] Vgl. Greshake, Gisbert, in: LThK, Bd. 10, 810.
[85] Vgl. Rahner, Karl, Grundkurs des Glaubens, 213.
[86] ebd.
[87] Vgl. Schwerdtfeger, Nikolaus, Gnade und Welt, 148.
[88] Zwar kann das Menschsein sie niemals fordern, jedoch kann von der menschlichen Verfassung auf eine Offenbarungsstruktur geschlossen werden.
[89] Vgl. Rahner, Karl, Hörer des Wortes, in: Sämtliche Werke, Bd. 4, Schriften zur Religionsphilosophie und zur Grundlegung der Theologie, 18.

durch die Gnade grundsätzlich disponiert auf das übernatürliche Gnadengeschehen Gottes.[90] Ob es der Mensch reflex weiß oder nicht, ist er nach Rahner durch die ihm in seiner Freiheit eingestiftete Gnade apriorisch auf die Unmittelbarkeit Gottes finalisiert und zwar in der Form des letzten Woraufhins seiner Erkenntnis- und Freiheitsgeschichte.[91]

Siebenrock fasst Rahner's Transzendentaltheologie folgendermaßen zusammen: „Die Gotteserkenntnis ergreift den Menschen, bevor er zu Willen und Freiheit erwacht ist; - also vor seiner kategorialen (sprachlich, reflexiven) Auslegung von Welt und Erfahrung."[92] Verweyen begreift die Aufgabe der menschlichen Freiheit darin, „das unbedingte Sein Bild werden zu lassen"[93] und „zum Bild des Unbedingten zu werden, worin implizit zum Ausdruck kommt, dass sie [gemeint ist die menschliche Freiheit] von ihrem Wesen her auf dieses Bild angelegt ist" [94]. Die Wurzeln der Transzendentaltheologie Rahners sieht Siebenrock dabei deutlich in der franziskanisch-augustinischen Tradition, die sagt, dass Gott „innerster als mein Innerstes"[95] ist. Gott ist nicht das ferne Objekt metaphysischer Erkenntnis, sondern der Urgrund und Seinsgrund menschlicher Existenz und bedingt bereits die Möglichkeit einer Begegnung mit ihm. Insofern war der Mensch immer schon Schauplatz des Göttlichen.
Die Frage, die im Folgenden gestellt werden muss, ist diese: Inwiefern implizieren die anthropologischen Grundvoraussetzungen des Menschen christologische Konsequenzen? Rahners Überzeugung ist zunächst, dass der Mensch ein übernatürliches Existential in sich trägt, welches der Selbstmitteilung Gottes in Jesus Christus entspricht. Was das genau bedeutet, wird an anderer Stelle noch näher erläutert. Dennoch sei hier festgehalten, dass die geschichtliche Offenbarung in einem besonderen Beziehungsverhältnis zu einer anthropologischen Offenbarung im Wesen des Menschen steht. Von dort aus kann er auch eine Christologie entwickeln, die auf den Säulen der Schöpfung und „Mensch-Werdung" Gottes aufbaut.

---

[90] Hier sind wir wieder beim Begriff des „übernatürlichen Existentials", vgl. Raffelt, Albert / Verweyen, Hansjürgen, Karl Rahner, 48.
[91] Vgl. Rahner, Karl, Bemerkungen zum Problem des „Anonymen Christen", in: Schriften zur Theologie, Bd. X, 531-546, 540.
[92] Siebenrock, Roman A., Deus semper major, 73-90, 76.
[93] Fößel, Thomas, Gott – Begriff und Geheimnis, 261.
[94] Ebd.
[95] Siebenrock, Roman A., Deus semper major, 73-90, 76.

Nach Rahner ist Christologie der Anfang und das Ziel der Anthropologie, da das christologisch geprägte Gnadengeschehen ihren Vollzugsort im Menschen findet. Insofern ist es sehr bedeutsam, dass sich Gott den Menschen aussucht, um an ihm und in ihm Mensch zu werden. Anne Carr beschreibt es folgendermaßen: „Humankind is, in Christ, the symbol that emerges when God is expressed in the world. The human person is [...] the embodiment of God in matter and history".[96] Wenn sich Gott der Welt auf eine unüberbietbare Weise kategorial und geschichtlich zeigen möchte, kann er nach Rahner also gar nicht anders, als Mensch zu werden. Gerade indem der Mensch sich auf das hereinragende Geheimnis seiner Existenz einlässt, erlebt er - inmitten seiner vorgreifenden Bewegung auf das Unendliche - sich selbst als endlich[97] - und bietet dennoch eine Bühne für das Göttliche.
Die Menschheit Jesu Christi zeigt uns dabei die Quintessenz der menschlichen Existenz: Der Mensch steht vor dem Gott Jesu Christi, der sich selbst in freier Liebe schenken will. Dabei bleibt dieser Wille nicht äußerlich, „sondern prägt ihn realontologisch und ist als seinen höchste Bestimmung das ihm Innerste, das sein ganzes Wesen überhöhend zusammenfasst“[98].

Die Subjekthaftigkeit ist die Bestimmung seiner transzendentalen Fähigkeit, die Frage nach dem Woher und Wohin seiner eigenen Existenz überhaupt stellen zu können. In seiner anthropologischen Kurzformel fasst Rahner das Sprungbrett seiner weiteren theologischen Überlegungen zusammen, indem er sagt: „Der Mensch kommt nur wirklich in echtem Selbstvollzug zu sich, wenn er sich radikal an den anderen wegwagt. Tut er dies, ergreift er (unthematisch oder explizit) das, was mit Gott als Horizont, Garant und Radikalität solcher Liebe gemeint ist, der sich in Selbstmitteilung (existentiell oder geschichtlich) zum Raum der Möglichkeit solcher Liebe macht.“ [99] Diese intim und gesellschaftlich gemeinte Liebe wird in ihrer radikalen Einheit im Wesen der Kirche sichtbar.[100] Der geschichtliche Raum der Selbstentäußerung Gottes findet dabei ihren Höhepunkt in Jesus Christus.

---

[96] Carr, Anne, in: Musser, Donald W. / Price, Joseph L. (Hg.), A New Handbook of Christian Theologians, 378.
[97] Vgl. Schwerdtfeger, Nikolaus, Gnade und Welt, 348.
[98] Ebd., 349.
[99] Rahner, Karl, Grundkurs des Glaubens, 429.
[100] Auf dieser Basis entwickelt Rahner im Weiteren seine Volk-Gottes-Theologie.

Auch wenn Rahner von Christus her als unüberbietbares Gnadengeschehen Bezug nimmt auf jeden Menschen, kann die Christologie nicht der einzige Ausgangspunkt der anthropologischen Überlegungen sein, wenn sie sich auch auf Menschen beziehen will, die die Frage nach Gott und seiner Offenbarung gar nicht mehr stellen. Aber Rahner nutzt die Christologie retrospektiv in der Weise, in dem er sagt, dass ohne die Menschheit Gottes gewisse Dimensionen der Menschen verborgen geblieben wären.[101] Gotteserfahrung ist immer durch Selbsterfahrung vermittelt.[102] Insofern sind für ihn Theozentrik und Anthropozentrik kein Widerspruch, sondern zwei Seiten einer Medaille. Wie sich die christologische Komponente in jenen Menschen äußert, die sich nicht explizit zum Christentum bekennen, darüber möchte ich im Folgenden in Bezug auf Rahners geprägtes Theologumenon des Anonymen Christentums weitere Überlegungen stützen.

---

[101] Vgl. Carr, Anne, in: Musser, Donald W. / Price, Joseph L. (Hg.), A New Handbook of Christian Theologians, 379.

[102] Vgl. Schwerdtfeger, Nikolaus, Gnade und Welt, 349.

3. Das anonyme Christentum

Der Begriff des „Anonymen Christentums" ist kontrovers – und dies obwohl das grundsätzliche Anliegen dahinter, nämlich der allgemeine Heilswille Gottes und die Rechtfertigung von Nichtchristen, auch für Kritiker zunächst einsichtig scheint. Dennoch birgt die gewählte Begrifflichkeit eine Spannung, die schwer auszuhalten ist: die terminologische Bestimmung eines Verhältnisses, welches viel mehr impliziert als expliziert. So kann die Bezeichnung „Christentum" sowohl die Summe realer expliziter Christen[103] und damit die strukturelle Kirchenmitgliedschaft in ihrem den sakramentalen Vollzug oder aber auch das Wesen des Christentums in ihrer notwendig heilsgeschichtlichen Bezogenheit meinen.[104] Im ersteren Sinn wäre die Kombination mit der Anonymität bloß ein *sinn-loses* Beiwort, da eine Explikation im Sinne eines Bekenntnisses ja nicht vorliegt. Das Anliegen Rahners mit der gewählten Bezeichnung und Bezugnahme auf die Negativität will das Fehlen einer ausdrücklichen Reflexion auf ein tatsächlich gegebenes Wesen ausdrücken, das auf einen Ausgleich des Mangels hindrängt. [105] Viel wichtiger als die mögliche Schwierigkeit mit der Begrifflichkeit ist allerdings das Anliegen dahinter.

Die Grundannahme, die Rahner dem Begriff des Anonymen Christen vorauslegt, ist zum einen die Einsicht, dass nicht jeder positive Atheismus in der persönlichen Ausgestaltung des Einzelnen immer nur das Resümee von persönlicher Schuld sein muss.[106] Des Weiteren ist Rahner mit Bezug auf das Zweite Vatikanische Konzil fest davon überzeugt, dass ein Atheist gerechtfertigt sein kann, wenn er nach besten Wissen und Gewissen handelt. Rahner stellt sich selbst die Frage, ob die Erfüllung der Gewissensforderungen im Bewusstsein eines Atheisten genüge, um ein heilsschaffender Glaube zu sein.[107]

---

[103] Henri de Lubac lehnt beispielsweise den Begriff des „Anonymen Christentums" ab, kann aber gut mit dem Ausdruck des „anonymen Christen", vgl. Rahner, Karl, Anonymes Christentum, in: Schriften zur Theologie, Bd. IX, 498-515, 499.

[104] Vgl. Rahner, Karl, Anonymes Christentum, in: Schriften zur Theologie, Bd. IX, 498-515, 499.

[105] Vgl. ebd. 500.

[106] Vgl. Rahner, Karl, Atheismus und implizites Christentum, in: Sämtliche Werke, Bd. 21/2, 885-903, 887.

[107] Vgl. ebd., 893.

Dies bejaht er in einem nächsten Schritt, wenn man ein Wissen um Gott implizit voraussetzen kann – was eben in der Annahme einer Tatsächlichkeit des sittlichen Gewissens schon gegeben sei.[108]

Ansätze zu einer ähnlichen Begrifflichkeit wie dem des „anonymen Christseins“ finden sich bereits bei Augustinus und später bei Erzbischof Goossens sowie bei Dechamps und Blondel.[109] So qualifiziert Blondel Dechamps mit Aussagen, die sehr an Rahners Vorstellung des Übernatürlichen Existentials erinnern lassen: „Dechamps spricht dafür, dass das Übernatürliche zunächst als Faktum des Bewusstseins in uns anwest, dass es zwar nicht in sich selbst, *ut est,* erfassbar ist, wohl aber in seinen inneren Wirkungen, *ut agit,* und dass es nicht definiert, sondern angenommen sein will, sei es auch pseudonym.“[110] Ähnliche Gedankengänge in Bezug auf die Rechtfertigung von (scheinbar) bekenntnislosen Christen greift Henri de Lubac auf, der davon überzeugt ist, dass es keinen Ungläubigen gibt, dessen Bekehrung mit Erwachen der Vernunft durch übernatürliche Gnade nicht möglich wäre. Im Weiteren konstatiert er, dass jemand bereits durch ein anonym besessenes Übernatürliches gerettet werden könne.[111] Die formale Begrifflichkeit will dem Gehalt Raum verschaffen, dass die heiligmachende Gnade nicht zwingend an das explizite Bekenntnis gebunden ist und die als Rechtfertigungsgnade auch dort schon gegeben sein kann, „wo in der Dimension der begrifflichen Reflexion und satzhafter Thematik Gott noch nicht gefunden ist und der betreffende Mensch in dieser Dimension meint, Atheist zu sein“[112]. Warum ein solcher Mensch aber nicht einfach nur ein „anonymer Theist“ ist, sondern von Rahner als „anonymer Christ“ spezifiziert wird, hängt seiner Ansicht nach mit der Unüberbietbarkeit der geschichtlich greifbaren Gnade Gottes zusammen, die immer nur in christologischer Bezugnahme und Vermitteltheit begriffen werden kann. Dieser Fragestellung werden wir uns noch genauer widmen.

Obwohl laut Rahner die Entwicklung des amtskirchlichen Bewusstseins einer möglichen Rechtfertigung auf impliziten Weg nur sehr schleppend voranging, bekräftigt er: „[Auf] jeden Fall ist mindestens nach dem Zweiten Vatikanischen Konzil

---

[108] Vgl. ebd., 893.
[109] Siehe die Fußnoten in: Van der Heijden, Bert, Karl Rahner, 255,
[110] Blondel, Maurice, in: Annales de philosophie chrétienne, 1907, 582 (zitiert n. Bouillard, Henry, Blondel und das Christentum, 140).
[111] Vgl. Lubac, Henri de, Glauben aus der Liebe, 192.
[112] Rahner, Karl, Anonymes Christentum, in: Schriften zur Theologie, Bd. IX, 498-515, 503.

nicht mehr daran zu zweifeln, dass das Glaubensbewusstsein der katholischen Kirche die Möglichkeit der Rechtfertigung und Erlangung des übernatürlichen Heiles auch bei solchen Menschen guten Willens gegeben sieht, die im Bereich des Kategorialen, des Geschichtlichen, des kerygmatisch und institutionell Kirchlichen schlechthin keine Christen sind"[113].

Während die transzendentale Christologie sehr abstrakt vorgeht, versucht Rahner in Bezug auf das anonyme Christentum drei konkrete Ausgestaltungen zu bringen, die er als „Appelle" bezeichnet.[114] Zum einen bringt er den Appell an die absolute Nächstenliebe, der besagt, dass absolute, vorbehaltlose Liebe immer auf Christus bezogen sein muss, da sie immer Ausschau hält nach jenem „wirklichen Menschen", der vollkommen geliebt werden kann. Indem Rahner von der Gemeinschaft der Liebe als Raum spricht, indem die Rede mitteilender Personalität zur Sprache kommt, dringt er zum tiefsten Punkt seiner Anthropologie vor.[115] Reicht es aber aus, bloß ein „gutes" Leben zu führen und die Nächstenliebe zu üben? Wenn es im Christentum nur um einen ethisch einwandfreien Lebensstil ginge, so wäre das formale Bekenntnis ja nicht notwendig. Im 1. Johannesbrief wird die Pointe der Gotteserkenntnis an der Bruderliebe festgemacht: „Liebe Brüder, wir wollen einander lieben; denn die Liebe ist aus Gott und jeder, der liebt, stammt von Gott und erkennt Gott. Wer nicht liebt, hat Gott nicht erkannt; denn Gott ist die Liebe." (1 Joh 4,7-8).[116] Dies ist auch für Rahner ein wichtiges Kriterium. Dabei gibt er den Einwand zu bedenken, dass der Mensch verzweckt werden würde, wollte man ihn nur um Gottes Willen lieben. In seiner selbstgegebenen Antwort kommt allerdings sein anthropologisch-theologischer Ansatz noch einmal in aller Schärfe zum Vorschein, indem er sagt, Gott ist „der Innerste, die Wesensmitte des geliebten Menschen [...], seine [gemeint ist des Menschen] innerste Mitte lässt sich nur von Gott her lieben."[117] Insofern ist jede echte Liebe unweigerlich mit der Gottesliebe verknüpft.

[113] Rahner, Karl, Schriften zur Theologie, Bd. X, 535.
[114] Vgl. Kaluza, Krystian, Der absolute Heilsbringer, 135.
[115] Vgl. Raffelt, Albert / Verweyen, Hansjürgen, Karl Rahner, München 1997, 69.
[116] Aber auch das Bekenntnis wird erwähnt und äußerst eng mit der Gegenwart Gottes verknüpft, nämlich gleich in 1 Joh 4,15, wo es heißt: „Wer bekennt, dass Jesus der Sohn Gottes ist, in dem bleibt Gott und er bleibt in Gott." Intendiert ist wohl kein exklusives Verständnis, sondern ein inklusivierendes, das auch Rahner so bestätigen würde.
[117] Rahner, Karl, Weihe des Laien zur Seelsorge, in: Schriften zur Theologie, Bd. III,313-328, 321f.

Der zweite Appell ist jenes an die Bereitschaft zum Tode, das heißt: die vollkommene Bejahung der radikalen Ohnmacht. Zugespitzt wird diese in der Theologie des Todes, wo nach Rahner jeder Mensch noch einmal vor die Entscheidung der Annahme des naturhaft Widerstrebenden gestellt ist und somit ein Tor zur faktischen Freiheit annimmt oder ablehnt. Als drittes greift er den Appell an die Hoffnung der Zukunft auf, der auf die radikale Versöhnung des erlebten Moments mit dem angestrebten Ziel, welches Gott trägt, schafft. Rahner entdeckt hier jene Wahrheit, die besagt, dass der Mensch im Hinausgehen über sich selber, mit dem Blick auf den anderen, seine Identität als Mensch erst so richtig entdeckt.[118] Dies kann natürlich ohne explizite Kenntnis Jesu Christi geschehen – jedoch nicht ohne geschenkte Gnade, die den Menschen auf den Anruf Gottes öffnet und immer auf das unüberbietbare Gnadengeschehen in Jesus Christus Bezug nimmt.

Rahner geht noch weiter und wagt eine kühne These, die als dichte Zusammenfassung seines Verständnisses vom Anonymen Christentum gelten darf: „Wer darum [...] sein Dasein, also seine Menschheit annimmt (und das ist nicht so leicht!) in schweigender Geduld, besser in Glaube, Hoffnung und Liebe [...] *als* das Geheimnis, das sich in das Geheimnis ewiger Liebe birgt und im Schoß des Todes das Leben trägt, der sagt zu etwas Ja, das so ist, wie er sich diesem in Ungemessene anvertraut, weil Gott es tatsächlich mit dem Ungemessenen, d.h. mit sich selbst, erfüllt hat, da das Wort Fleisch wurde, der sagt, auch wenn er es nicht weiß, zu Christus Ja“[119]. Und noch etwas pointierter ausgedrückt: „Wer sein Menschsein ganz annimmt [...], der hat den Menschensohn angenommen, weil in ihm Gott den Menschen angenommen hat.“[120] Dieses Statement war in Folge natürlich vieler Kritik ausgesetzt[121]. Es stützt sich auf die Annahme der These, das die übernatürliche Gnade auch beim Nichtchristen im Modus des Angebots gegeben ist, dem ein subjektiver Vollzug folgen muss, der sich in einer unthematischen Bejahung des Bezugs zum geschichtlich gewordenen Heilsereignis in Jesus Christus äußern kann. Dieser Grundannahme wollen wir im Weiteren noch einigen Gedanken widmen.

---

[118] Vgl. Joha, Zdenko, Christologie und Anthropologie, 35.
[119] Rahner, Karl, Zur Theologie der Menschwerdung, in: Schriften zur Theologie, Bd. IV, 137-155, 154.
[120] Ebd.
[121] Beispielsweise durch Joseph Ratzinger, in: ders., Theologische Prinzipienlehre, München 1982, 169-179.

3.1. Der universale Heilswille Gottes

Die Voraussetzung für eine Entwicklung der Theorie eines anonymen Christentums ist der universale Heilswille Gottes. Dieser wird in den konziliaren Dokumenten als allgemein und wirksam spezifiziert und es wird klar herausgestrichen, dass jene, „die ohne Schuld noch nicht zur ausdrücklichen Anerkennung Gottes gekommen sind“[122], aber sich – nicht ohne Gnade – nach ihrem Gewissen um ein rechtes Leben bemühen, „das ewige Heil erlangen“[123] können. Dabei diene das Gute und Wahre als „Vorbereitung für die Frohbotschaft“ und wird als Gabe dessen gewürdigt, „der jeden Menschen erleuchtet“. [124] Mindestens so bemerkenswert ist die Textpassage in der Pastoralkonstitution, die von den – ebenfalls durch die göttliche Gnade ausgezeichneten – „Menschen guten Willens“ spricht, die selbst aus atheistischer Position dem österlichen Geheimnis in einer Gott bekannten Weise verbunden sein können.[125] Was genau die christologische Prägung dieser Aussage meint, wird hier nicht expliziter ausgedrückt, jedoch findet sich ein Hinweis bei Joseph Ratzinger. Seiner Meinung nach sieht die Konstitution „die Mitte des Christentums im Ostergeheimnis, d.h. in dem ‚Übergang‘ von Kreuz zu Auferstehung. Dieser Übergang, das christliche ‚Pascha‘, ist aber nichts anderes als die Übersetzung des ‚Übergangs‘, der die Liebe ist, in die geschichtliche Wirklichkeit eines ganz aus der Liebe gelebten Daseins.“[126] Im Weiteren wird der christliche Heilsweg, der sich *in persona* Christi zeigt, mit dem Pascha identifiziert. Das Maß, mit dem man am Ostergeheimnis teilhat, zeige das Maß an, mit dem man am „Weg Christi“ partizipiert. *Dass* ein übernatürliches Heilsgeschehen für alle Menschen zugänglich sein muss, steht für das Konzil außer Frage. *Wie* aber die Rechtfertigung jener, die sich nicht explizit auf die Heilsbotschaft Christi beziehen, genau geschieht, dem versucht sich Rahner mit dem Wagnis des „Anonymen Christentums“ zu stellen, da es dazu keine weiteren offiziellen kirchlichen Äußerungen gibt. Während das Konzil auf Wege, „die nur Gott weiß“[127] verweist, will sich Rahner darin nicht gehindert sehen, weiter über diese Frage nachzudenken. Würde dies nicht geschehen, werde die Universalität

[122] Lumen Gentium, Nr. 16.
[123] Ad gentes, Nr. 7.
[124] Lumen Gentium, Nr. 16.
[125] Vgl. Gaudium et spes, Nr. 22.
[126] Ratzinger, Joseph, Kein Heil außerhalb der Kirche?, in: ders., Das neue Volk Gottes. Entwürfe zur Ekklesiologie, 339-361, 351.
[127] Ad gentes, Nr. 7.

des Heilswillens oder die Notwendigkeit des eigentlichen Glaubens unglaubwürdig[128]. Die Aufgabe, der sich Rahner stellt, besteht also darin, theologisch zu beschreiben, wie alle Menschen, die zum Heil kommen, im Heilsglauben eine Beziehung zu Jesus Christus haben können.[129]

Auf den allgemeinen Heilswillen gründet zudem die Erklärung einer transzendentalen Unmittelbarkeit Gottes, die sich gnadentheologisch äußert. Diese Unmittelbarkeit muss jedoch ein offenbarungstheologisches Moment haben, das inklusiv ist, da sonst jegliches Wissen unbegründbar und willkürlich wäre. Zweitens ist eine Grammtik der Freiheit gefordert, die eine strukturelle Offenheit auf die *revelatio Dei* überhaupt erst ermöglicht und im zweiten Schritt zu einem Verhalten dazu befähigt. *Dass* eine solche Vermittlung stattgefunden hat, war im neuscholastischen Diskurs zweifelsfrei, *was* dagegen ihr Inhalt ist, ist dem menschlichen Verstand grundsätzlich verschlossen geblieben. Insofern wurde die Frage nach einer immanenten anthropologischen Vermittlung nicht gestellt und erstmals von Blondel thematisiert.[130] Der Vorwurf auf der anderen Seite der scholastischen Lehrmeinung, nämlich jenes des „Immanentismus" der Erlösung betrifft auch Rahner am Rande, da er von der transzendentalen Verwiesenheit des Menschen spricht und er diesen grundsätzlich für die Erlösung disponiert.[131] Die Enzyklika „Humani generis" von 1950 enthielt einen Kritikpunkt, zu dem sich Rahner durch sein Stichwort des „übernatürlichen Existentials" verteidigte. Sie verurteilte jene, die „die wahre ‚*Gnadenhaftigkeit*' *der übernatürlichen Ordnung* zunichte [machen], da sie behaupten, Gott könne keine vernunftbegabten Wesen schaffen, ohne diese auf die seligmachende Schau hinzuordnen und dazu zu berufen"[132]. Diesem Vorwurf will Rahner ganz klar entgehen und diskutiert nicht zuletzt immer wieder die Endgültigkeit und Absolutheit der menschlichen Freiheit als ein Existential[133], das sich auf das gesamte des menschlichen Daseins bezieht. Im Gegensatz zur Natürlichkeit des Existentials in Bezug auf die Freiheit ist die Ausrichtung und Bestimmung des Menschen auf das absolute Heilsereignis nicht natürlich, sondern über-natürlich und deshalb nicht der

---

[128] Vgl. Rahner, Karl, Schriften zur Theologie, Bd. X, 537.
[129] Vgl. Rahner, Karl, Schriften zur Theologie, Bd. XII, 273.
[130] vgl. Raffelt, Albert / Verweyen, Hansjürgen, Karl Rahner, München 1997, 79.
[131] vgl. ebd., 90.
[132] Humani generis, DH 3891.
[133] Vgl. Rahner, Karl, Grundkurs des Glaubens, 94.

Totalität menschlichen Freiheitsvollzugs entgegenstehend. Insofern ist die gnadenhafte Erlösung und Selbstoffenbarung Gottes in seinem Wesen niemals von Gott her geschuldet, da sie von der Natur abhebbar und frei passiert.[134]
Hier sei auf die dogmatische Konstitution des Zweiten Vaticanums hingewiesen: „Durch diese Offenbarung redet also der unsichtbare Gott (vgl. *Kol 1,15; 1 Tim 1,7*) aus dem Übermaß seiner Liebe die Menschen als Freunde an (*vgl. Ex 33,11; Joh 15,14-15*) und verkehrt mit ihnen, um sie zur Gemeinschaft mit sich einzuladen und in sie aufzunehmen."[135] Auch hier wird auf den einladenden Charakter und den Ursprung der Offenbarung in völliger Freiheit und Liebe hingedeutet. Ohne diese Voraussetzungen wäre eine freie Glaubensentscheidung nicht möglich, die ihren Ursprung zwar im freien Gnadenangebot Gottes hat, jedoch den faktischen Vollzug in thematischer oder unthematischer Bejahung beziehungsweise Verneinung erfordert.

3.2. Offenbarungstheologische Bemerkungen

Der explizite Christ von heute lebt in einer Spannung: zwischen Kirche und Welt, zwischen Unendlichkeit und Sterblichkeit, zwischen Struktur und Charisma – und nicht zuletzt mit dem Schriftzug Karl Rahners – zwischen Transzendenz und Immanenz. Er legt Zeugnis von etwas ab, das nicht in Worte zu kleiden ist. Denn er kann nicht schweigen von der Anwesenheit des heiligen Geheimnisses, dass sich ihm schweigend mitteilt. Selbst die Stille würde von dem heiligen Geheimnis sprechen, auf das sich die Existenz des Menschen unabdingbar und unaufhörlich bezieht, gäbe es keine Worte. Rahner bestätigt dies in „Hörer des Wortes" mit folgender Formulierung: Der Mensch ist „von vornherein aus seinem ursprünglichen Wesen heraus schon hingerichtet [...] auf das geschichtliche Vorkommnis einer Offenbarung, wenn eine solche sich ereignen sollte, und, wenn Gott sich nicht offenbaren, sich verschweigen wollte, [käme] der Mensch darin zur letzten Tat seiner geistigen und religiösen Existenz [...], dass er auf das Schweigen Gottes hörte." [136]

---

[134] Vgl. Rahner, Karl, Schriften zur Theologie, Bd. I, 332. Auch Blondel – obwohl Mitbegründer der *nouvelle théologie* – hat die Gnade nicht als Mitgift der Natur gesehen, sondern sie als „transnaturel" bezeichnet und macht den Sündenfall für den Gnadenverlust verantwortlich. Im Gegensatz zu Rahner nimmt er einen schöpfungstheologischen Bezug – statt wie Rahner christologisch vorzugehen, vgl. Raffelt, Albert / Verweyen, Hansjürgen, Karl Rahner, 92.
[135] Dei verbum, Nr. 2.
[136] Rahner, Karl, Hörer des Wortes, in: Sämtliche Werke, Bd. 4, 26.

Etwas später beschreibt es Rahner noch einmal, indem er das Schweigen schon als Art der Offenbarung deutet: „Denn selbst unter der Voraussetzung des Sichverschweigens Gottes vernimmt der Mensch [...] ein Wort Gottes: sein Schweigen."[137] Dass sich Gott aber nicht nur im Schweigen zeigt, sondern ganz besonders im gesprochenen Wort, ruft uns die gesamte christliche Tradition und spirituelle Erfahrung zu. Wie aber wird Gott in seiner Offenbarung erkannt?

Ganz allgemein kann man sagen, dass Gott niemals das direkte Objekt der Erkenntnis ist, sondern immer in gewisser Weise dahinter verborgen bleibt.[138] Was wir mit der „Erkenntnis Gottes" meinen, ist bereits „die objektivierte, begriffliche und satzhafte Interpretation dessen, was wir subjektiv immer schon unreflex von Gott wissen"[139]. Insofern ist Gotteserkenntnis immer in einer geschichtlichen Kontingenz aposteriorisch geprägt, jedoch von einer satzhaften Objektivation nicht völlig zu lösen. So muss der Glaubensgegenstand, der sich durch das menschliche Wort konstituiert, immer von dessen Wurzel her erklären, nämlich vom fleischgewordenen Logos, der die wahre Vermittlung der Selbsterschließung Gottes ist.[140] Essenz und Existenz, Transzendenz und Geschichte sind ineinander verwoben.[141] Insofern existiert eine Geschichte der Offenbarung, in der die transzendentalen Strukturen im Subjekt sichtbar werden. Da aber jeder Mensch „Hörer des Wortes" und Subjekt der Gottesoffenbarung sein kann und sich diese immer auf den Höhepunkt der Selbstmitteilung Gottes in Jesus Christus bezieht, wird die scheinbare Exklusivität der Offenbarung in gewisser Weise relativiert.

Die dogmatische Konstitution des Zweiten Vatikanischen Konzils über die göttliche Offenbarung äußert sich dazu folgend „Es hat Gott [...] gefallen, Sich selbst zu offenbaren und das heilige Geheimnis seines Willens bekannt zu machen (vgl. *Eph 1,9)*, durch das die Menschen durch Christus, das Fleisch gewordene Wort, im Heiligen Geist Zugang zum Vater haben und der göttlichen Natur teilhaftig gemacht

---

[137] Rahner, Karl, Hörer des Wortes, in: Sämtliche Werke, Bd. 4, 272.
[138] Vgl. Carr, Anne, in: Musser, Donald W. / Price, Joseph L. (Hg.), A New Handbook of Christian Theologians, 377.
[139] Rahner, Karl, Atheismus und implizites Christentum, in: Rahner, Karl, Sämtliche Werke, Bd. 21/2, 885-903, 894.
[140] Vgl. Schwerdtfeger, Nikolaus, Gnade und Welt, 161.
[141] Vgl. Carr, Anne, in: Musser, Donald W. / Price, Joseph L. (Hg.), A New Handbook of Christian Theologians, 377.

werden."[142] Dieser Zugang zum Vater durch Jesus Christus ist nicht immer klar offen gelegt, da die geschichtliche Überlieferung, der sich Gott ausliefert, ein prekäres Moment birgt. Selbst im nominellen Bekenntnis existiert ein Augenblick der Unaussprechlichkeit, weil Gott in seiner Offenbarung noch immer der Unverfügbare bleibt. Er ist zwar durch die Anerkennung der Offenbarung *an*sprechbar, jedoch noch immer nicht völlig *aus*sprechbar.[143] Insofern birgt die Offenbarung Gottes ein Moment der Anonymität, die als unthematische Anwesenheit des heiligen Geheimnisses erfahren werden kann, gerade weil sich Gott in seiner Selbstmitteilung auch heute uns noch dauernd zuschickt.

Dieser Höhepunkt in der Gnadentheologie des Menschen wird geschichtlich greifbar in der Rede vom „absoluten Heilsbringer" - von Gott, der sich selbst völlig entäußerte, um zu zeigen, wer er für den Menschen ist. Wie genau der Unterschied und die Relation der geschichtlich gegebenen Selbstmitteilung Gottes und der endgültigen vollkommenen Selbstmitteilung in der Vollendung zu bestimmten ist, darauf geht Rahner laut der Kritik von van der Heijden nicht ein.[144] Schwerdtfeger sieht darin allerdings keine ernstzunehmende Anfrage, da die Selbstmitteilung Gottes niemals von den göttlichen Personen losgelöst werden darf[145]. Gott ist in sich selbst Aussage[146], und zwar immer trinitarisch geprägt. Welche Rolle spielt aber im Offenbarungsdiskurs die Kirche? Wenn wir von einer trinitaren und christologischen Prägung der Gnade ausgehen, gibt es dann überhaupt eine Notwendigkeit der hierarchisch und sichtbar verfassten Kirche?

---

[142] Dei verbum, Nr. 2.
[143] Vgl. Hoff, Gregor Maria, Anonyme Christen, in: SaThS 40 (2010), 347-364, 353.
[144] Vgl. Van der Heijden, Bert, Karl Rahner,10.
[145] Vgl. Schwerdtfeger, Nikolaus, Gnade und Welt,147.
[146] Vgl. Raffelt, Albert / Verweyen, Hansjürgen, Karl Rahner, 96.

3.3. Die Heilsnotwendigkeit der Kirche

Lange regierte im Einflussbereich der (römisch) verfassten Katholischen Kirche das Theologumenon „Extra ecclesia nulla salus“, das grundsätzlich auf die römische Kirche eingeengt wurde. Auch wenn Papst Pius XII generell diese Haltung vertrat, so griff er in der Enzyklika *Mystici Corporis Christi* auf ein Schlupfloch für außerkirchliche Christen zurück: nämlich des *votum ecclesia,* des sehnlichen Verlangens, Teil der Kirche zu sein, das eine faktische Heilsmöglichkeit selbst ohne römisch-katholisches Konfessionsbekenntnis bot. Dies wurde für Rahner zum Türöffner seiner Theorie des Anonymen Christentums.

Im Zuge des II. Vatikanischen Konzil (insbesondere der Dokumente „Lumen Gentium“ und Gaudim et spes“) öffnete sich die Sichtweise auf eine breitere Basis hin und der Ausdruck der *„ecclesia“* wird seither auf die „eine Kirche Jesu Christi“ bezogen, die zwar in der konfessionell „katholischen Kirche“ subsistiert[147], jedoch nicht deckungsgleich ist. Somit kann nicht mehr eindeutig bestimmt werden, wer sich im rettenden Raum der Kirche Gottes befindet. In LG 16 heißt es:
„Die göttliche Vorsehung verweigert auch denen die zum Heil notwendigen Hilfen nicht, die ohne Schuld noch nicht zur ausdrücklichen Anerkennung Gottes gelangt sind und nicht ohne die göttliche Gnade ein rechtes Leben zur führen sich bemühen.“[148] Der Unverfügbarkeit der Gnade, die auch außerhalb des Grundgefüges des christlichen Bekenntnisses zum Heil befähigen kann, bekam in dem Sinne eine Aufwertung. „Wenn der Rechtfertigungsakt somit als votum Ecclesia [Verlangen ‚nach‘ der Kirche] aufgefasst wird, so ist er nicht bloß ein Akt, der intentional als seinen impliziten Gegenstand die Kirche anzielt, sondern er ist ein geistig-persönlicher Akt, der insofern schon ein Stück von Kirche notwendig real in sich schließt, als er der real-ontologische Vollzug der Gliedschaft am Volke Gottes ist.“[149] Diese sieht Rahner bereits in der Qualität einer Quasi-Sakramentalität[150] und expliziert in seinen Kommentar zur Enzyklika *Mystici Corporis Christi:*
„In der (nicht-gliedhaften) Zugehörigkeit (oder ‚Hinordnung‘) des Gerechtfertigten ist also eine ‚unsichtbare‘ Zugehörigkeit zur sichtbaren Kirche durch die Gnade *und* eine

---

[147] Vgl. Lumen Gentium, Nr. 16.
[148] ebd.
[149] Rahner, Karl, Schriften zur Theologie, Bd. 2, 91.
[150] Vgl. ebd.

‚sichtbare' Hinordnung selbst dann noch gegeben, wenn zu ihrer Konstitution Taufe oder äußerlich greifbares Bekenntnis des wahren Glaubens [...] nicht gegeben ist."[151] Rahner bringt nun das Verständnis des neuen Gottesvolkes der einen Kirche mit dem allen einschließenden Heilsanspruch in der Weise in Verbindung, dass er das geheiligte Menschengeschlecht [152] grundsätzlich als „Volk Gottes" betrachtet: „Insofern die so ‚konsekrierte' Menschheit von vornherein eine reale Einheit ist, existiert auch schon – im Voraus zu einer gesellschaftlichen und rechtlichen Organisation der Menschheit als übernatürlicher Einheit zur Kirche – ein ‚Volk Gottes'[153], das sich so weit erstreckt wie die Menschheit. Diese Bestimmung und Deckungsgleichheit sieht Rahner nicht bloß als abstrakte Idee oder eine Idealvorstellung,[154] sondern als Faktizität, die christologisch und chalzedonensisch geprägt ist. Begründet wird diese Sichtweise damit, dass die Annahme der Menschennatur durch den Logos den Heilswillen Gottes in der Weise freilegt, dass die Menschheit in Christus in einer der Freiheit des Menschen vorausliegenden Wirklichkeit Volk Gottes ist.[155] Der Raum menschlicher Geschichte, zu dem die Wirklichkeit Christi gehört, ist schon „Kirche",[156] zwar noch nicht in einer sichtbar verfassten organisierten Gesellschaft, wohl aber als Raum, in der sich dieser dann ereignet.[157] Durch einen menschlichen Rechtfertigungsakt wird die Gliedschaft im Sinne einer realen Hinordnung auf die Kirche ausgedrückt.[158] Dies soll nicht der Notwendigkeit der kirchlichen Struktur Abstrich verschaffen, sondern nur verdeutlichen, dass sie den Raum des Gnadengeschehens schon vorfindet und ihn nicht erst selber schafft.

---

[151] Rahner, Karl, Die Zugehörigkeit zur Kirche nach der Lehre der Enzyklika Pius' XII. Mystici Corporis Christi, 94.
[152] Rahners Grundannahme ist, dass der „reine Mensch" im abstrakt aristotelisch-scholastischen Wesensbegriff nicht existiert, da er immer geschichtlich und gesellschaftlich eingebettet ist, vgl. ebd., 89.
[153] Zum Einfluss Rahners bezüglich der Begrifflichkeit des „Volkes Gottes" in der katholischen Lehrentwicklung vgl. Raffelt, Albert / Verweyen, Hansjürgen, Karl Rahner, 79.
[154] Vgl. Rahner, Karl, Die Gliedschaft in der Kirche nach der Lehre der Enzyklika Pius' XII. Mystici Corporis Christi, in: Schriften zur Theologie, Bd. II, 7-94, 89.
[155] Vgl. ebd., 90.
[156] Insofern lässt sich die Gnade in christologischer Prägung auch außerhalb der „Kirche" feststellen, vgl. Rahner, Karl, Priesterliche Existenz, in: Schriften zur Theologie, Bd. III, 285-312, 295.
[157] Vgl. ebd. 294f.
[158] Vgl. Rahner, Karl, Die Gliedschaft in der Kirche nach der Lehre der Enzyklika Pius' XII. Mystici Corporis Christi, in: Schriften zur Theologie, Bd. II, 7-94, 91.

Sie verliert weder ihren Anspruch noch ihre Bedeutung, sondern ist – getragen vom christologischen Urgrund, wiederum der Raum, in dem sich das Volk Gottes her definiert, das „wurzelhaft Kirche" ist[159].

Bedeutet dieses Kirchenverständnis nun, dass der universale Missionsauftrag der Kirche gelähmt wird, da ein Übertritt vom Zustand der Anonymität in ein explizites Bekenntnis nicht mehr notwendig sei? Dies ist nach Rahner zu verneinen. Trotz dieses Verständnisses im Sinn des Volkes Gottes betrachtet er es als Recht und Pflicht der Kirche, dem universellen Missionsauftrag nachzukommen, der auch die Pflicht eines jeden Menschen miteinschließt, nach den Möglichkeiten Christ in einem expliziten kirchlichem Christentum zu werden.[160] Ratzinger verstärkt dies, indem er in der Mission den Wesensvollzug der Kirche als ihre eigene Dynamik und als Offenstehen im Sinne der Gastfreundschaft Gottes für alle sieht.[161]

Im Hebräerbrief heißt es, dass es ohne Glauben unmöglich sei, Gott zu gefallen.[162] Welchen Glauben hat nun ein Atheist vorzuweisen, der nicht Mitglied der konfessionell geprägten Kirchengemeinschaft ist? Diesem Einwand will Rahner Genüge tun, indem er eine Glaubensbereitschaft als ausreichend bezeichnet, wo eine Offenbarungsgegenstand nicht gegeben ist. Gerade weil die Glaubensgnade nicht erst mit dem Akt der Verkündigung im Hörenden aktiviert wird, sondern schon als ein dauerndes Existential dem Menschen zugerechnet werden muss, ist laut Rahner auch der Missionsauftrag aus theologischen Gründen mit dem anonymen Christen vereinbar, weil dieser allein als der mögliche Empfänger der Botschaft des Evangeliums gilt.[163] Begründet und biblisch belegen kann er die These damit, dass die heiligmachende Gnade schon vor dem Sakramentenempfang wirken kann - beispielsweise bei der Erwachsenentaufe - und durch die Explikation die Gnade erst ihre kirchlich-gesellschaftliche Sichtbarkeit erreicht.[164] Dadurch soll jedoch nicht die Gnadenursächlichkeit außer Kraft gesetzt werden, sondern das dynamische

---

[159] Vgl. ebd., 90.

[160] Vgl. Rahner, Karl, Anonymes Christentum und Missionsauftrag der Kirche, in: Schriften zur Theologie, Bd. IX, 498.

[161] Vgl. Ratzinger, Joseph, Der Kirchenbegriff und die Frage nach der Gliedschaft in der Kirche, in: Gesammelte Schriften, 290-307, 306.

[162] Hebr 11,6: „Ohne Glauben aber ist es unmöglich, (Gott) zu gefallen; denn wer zu Gott kommen will, muss glauben, dass er ist und dass er denen, die ihn suchen, ihren Lohn geben wird."

[163] Vgl. Rahner, Karl, Anonymes Christentum und Missionsauftrag der Kirche, in: Schriften zur Theologie, Bd. IX, 508.

[164] Vgl. ebd., 510.

Bedingungsverhältnis zwischen Wirkung und Ursache aufblitzen.[165] Dieses Argument mag wohl nicht alle Gegner überzeugen, da man ja dagegen argumentieren könnte, dass das *votum ecclesiae* bzw. *votum baptismi* einen klaren Glauben voraussetze. Deshalb fügt Rahner das Argument der Sittlichkeit als implizite Kenntnis Gottes hinzu, dass durch die Verkündigung in einer expliziteren und konkreteren Weise verstanden wird, aber schon vorher auch gelebt werden kann.[166]

Indem sich der ekklesiologische Raum in seiner Definition seit dem II. Vatikanischen Konzil nicht nur soziologisch veränderte, sondern auch einem neuen Verständnis unterzogen und auf einem breiteren Bedeutungshorizont ausgeweitet wurde, lässt sich die trinitarisch und christologisch geprägte Gnade nie von Raum der Kirche vollständig trennen. Missionstheologisch wurden immer Orte aufgesucht, an denen von Jesus Christus zu sprechen war.[167] Die Herausforderung war und ist dabei, an fremden Orten der Theologie eine Sprachfähigkeit zu verleihen. In der Theorie des Anonymen Christentums wird dies gerade am Ort des Menschen aufgrund seiner ontologischen Grundvoraussetzungen getan. Indem Rahner das kreatürliche Moment der Schöpfung betont, wird der Mensch zum Ort des Gottesgeschehens.

3.4. Der absolute Heilsbringer und seine christologischen Implikationen

Eine Frage, die sich aufbäumt, wenn man den Menschen in seiner schöpferischen Abhängigkeit und Abbildhaftigkeit erkennt, ist jene: Wenn der Mensch an sich schon Ort der Selbstoffenbarung Gottes ist, welchen Geltungsanspruch hat dann die genuin christliche Überlieferung der geschichtlichen Offenbarung heute? Kann das überlieferte Bekenntnis zu Jesus Christus als ein vergilbtes Blatt einfach beiseitegelegt werden? Oder wird damit das Anliegen Rahners verkannt?

Die Frage, der wir explizit nachgehen wollen, ist jene, ob Jesus Christus in seiner Geschichtlichkeit und Historizität überhaupt noch eine Bedeutung in Bezug auf das anonyme Christentum hat.

Rahner bekennt, dass die transzendentale Offenbarung, die grundsätzlich jedem Menschen gegeben ist, nicht ident ist mit der geschichtlich worthaften

[165] Vgl. ebd.
[166] Vgl. Van der Heijden, Bert, Karl Rahner, 253.
[167] Vgl. Hoff, Gregor Maria, Anonyme Christen, in: SaThS 40 (2010), 347-364, 347.

Offenbarung.[168] Hier besteht ein Abhängigkeitsverhältnis, insofern er als gegeben annimmt, dass sich die Transzendentalität in Jesus Christus mit einer Kategorialität bekleidet hat. Die transzendentale Verwiesenheit des Menschen auf das „heilige Geheimnis" hin, wie Rahner zu sagen pflegt, ist somit nicht nur mehr ein außerweltliches – oder außerzeitliches Existential, sondern wurde unüberbietbar geschichtlich und historisch greifbar. Rahner führt im Weiteren den Begriff des „absoluten Heilsbringers" ein: „Wir nennen so jene geschichtliche Persönlichkeit, die – in Raum und Zeit auftretend – den Anfang der ins Ziel kommenden absoluten Selbstmitteilung Gottes bedeutet, jenen Anfang, der die Selbstmitteilung für alle als unwiderruflich geschehend, als siegreich inauguriert anzeigt."[169]
In Jesus Christus – so bekennen die Christen, hat diese gnadenhafte Mitteilung Gottes ihr endgültiges Ziel und ihren unüberbietbaren Höhepunkt erreicht und wird somit zur heilsgeschichtlichen Zäsur und in einmaliger Konkretion geschichtlich fassbar. Warum diese Verwirklichung gerade in Jesus Christus geschehen muss und wie dies feststellbar ist, darauf wird laut Rahners Kritikern nicht genauer eingegangen. Worauf Rahner aber hinweist, ist, dass die göttliche Offenbarung nicht erst mit der Menschwerdung begann, sondern koexistent[170] mit der Weltgeschichte diese schon immer durchdrungen hat. Nehmen wir seinen Zielbegriff der transzendentalen Theologie an, so kommt unweigerlich die Frage auf, in welchen Verhältnis die anonym gerechtfertigten Christen zum absoluten Heilsbringer stehen. Wie wirkt die christologisch geprägte Gnade im anonymen Christen und wie verhält sie sich zum historischen Jesus?

Das Zweite Vatikanische Konzil kleidet es in folgende Worte: „Denn Er hat seinen Sohn, nämlich das ewige Wort, der alle Menschen erleuchtet, gesandt, damit er unter den Menschen wohne und ihnen das Innerste Gottes auslege"[171]. Im Weiteren heißt es darin, dass Jesus Christus, der als Fleisch gewordenes Wort als „Mensch zu den Menschen" gesandt sei, das ihm aufgetragene Heilswerk des Vaters vollende.[172]
Gott vertritt durch die Menschwerdung die Menschen und übergibt sich in einem unüberbietbaren Freiheitsakt stellvertretend dem freien Angebot Gottes.

[168] Vgl. Rahner, Karl, Atheismus und implizites Christentum, in: Sämtliche Werke, Bd. 21/2, 885-903, 902.
[169] Rahner, Karl, Grundkurs des Glaubens, 188.
[170] Vgl. ebd.
[171] Dei Verbum, Nr. 3.
[172] Vgl. ebd.

Als Konsequenz steht er sozusagen als *pars pro toto*[173] und heiligt die gesamte Menschheit im Modus des ständigen Gnadenangebots. Insofern ist die Gnade immer von der Selbstmitteilung des dreifaltigen Gottes geprägt, „die aus ihrem eigenen Wesen heraus die geschichtliche Inkarnation des Logos will und darum immer und überall Gnade Christi ist“[174]. Damit ist der anonym gerechtfertigte Mensch ein solcher nur durch die Gnade Christi und durch die drei theologalen Tugenden Glaube, Hoffnung und Liebe zu Gott und den Menschen, [175] die als spezifisches Gnadenangebot immer auf die in der Geschichte innewohnende Gnade Bezug nehmen. Die Geschichtlichwerdung der Gnade ist nicht irgendein beliebiges Geschehen, sondern ist in seiner Unüberbietbarkeit und Radikalität immer in einer Relation mit jeder kategorialen Geschichtlichwerdung der Gnade zu setzen.

Das Bild des absoluten Heilsbringers macht die Radikalität des chalzedonischen Bekenntnisses noch einmal in aller Schärfe sichtbar: in ihm vereinigt sich das Moment der existential-ontologischen, transzendentalen Theologie mit der Einmaligkeit der Geschichtlichkeit auf konkretem historischem Boden.[176]

Die Transzendentaltheologie sieht das anthropologische Moment der Vollendung des Menschen im Zusammentreffen und Entstehen dieser besagten „hypostatischen Union“. Mit Recht stellen sich hier für Kaluza unweigerlich zwei wesentliche Fragen: Erstens ob die heilsgeschichtlichen Verheißung schon geschehen ist oder etwa eine bloß asymptotische Annäherung stattfindet und zweitens obig erwähnte Frage, ob der besagte „Heilsbringer“ historisch in *Jesus von Nazareth* greifbar wird und darin genug geschichtliche Legitimation findet.[177]

Ersteres sieht Rahner klar im irreversiblen Heilsereignis. Des Weiteren ist für Rahner ist klar, dass die Geschichte einen endgültigen Höhepunkt[178] in Jesus erreicht und er setzt diesen Glauben auch voraus, ohne ihn weiter zu begründen.

[173] So interpretiert es jedenfalls Thomas Fößel, vgl. ders., Gott – Begriff und Geheimnis, 679.

[174] Rahner, Karl, Anonymes Christentum und Missionsauftrag der Kirche, in: Schriften zur Theologie, Bd. IX, 511.

[175] Vgl. Rahner, Karl, Bemerkungen zum Problem des „Anonymen Christen“, in: Schriften zur Theologie, Bd. X, 531-546, 533.

[176] Vgl. Rahner, Karl, Grundkurs des Glaubens, 172.

[177] Vgl. dazu Kaluza, Krystian, Der absolute Heilsbringer,79.

[178] Van der Heijden fragt hier nach der Endgültigkeit der Heilszusage und spekuliert, was Rahner genau mit dem Begriff der „Endgültigkeit“ ausdrücken will. Entweder war Gottes Heilswille vor der Inkarnation noch vorläufig oder er wurde erst durch die Inkarnation für uns erkennbar. Siehe dazu Van der Heijden, Bert, Karl Rahner, 351.

Weiterer Klärungsbedarf stellt sich zudem bei der Frage, inwiefern diese endgültige gnadenhafte Mitteilung Gottes absolute und universale Relevanz für den Einzelnen hat und wie sie für den einzelnen Menschen konkret greifbar wird. Er legitimiert mit der positiven Beantwortung dieser Frage die Berechtigung dessen, was er unter dem Begriff des „anonymen Christen" versteht: Der Mensch ist als das Wesen radikaler Schuldbedrohtheit auf die ungeschuldete gnadenvolle Zuwendung Gottes angewiesen und auf einen „Heilsbringer", wenn man so will, hingeordnet. Er ist „das Ereignis einer freien, ungeschuldeten und vergebenden, absoluten Selbstmitteilung Gottes"[179]. Rahner betreibt also eine Christologie von unten, indem er vom Menschen ausgeht, der das im Heilsbringer findet, was er schon immer sucht. Bokwa bringt die Verhältnisbestimmung Rahners pointiert auf den Punkt, indem er sagt:
„Diese beiden Größen, Christologie und Anthropologie, werden deswegen in gegenseitigem Verhältnis begriffen und so präsentiert; der nach seiner Vollendung strebende Mensch entdeckt in sich die ihm apriorisch vorgegebenen Wesensstrukturen, die ihn zum Geheimnis Jesu Christi führen."[180]

Noch stärker ausgesagt: Christus offenbart die menschliche Natur als Realsymbol Gottes.[181] Insofern kann jede menschliche Erfahrung auch als eine vermittelte Gotteserfahrung bewertet werden. Dazu braucht es jedoch die Reflexion über dieses Gnadengeschehen. Ist diese nicht gegeben, so geht Rahner davon aus, dass der Mensch implizit das Geheimnis Christi umarmt, wenn er sein Dasein als Mensch entschlossen annimmt[182].
Dafür verwendet er den Begriff der „Suchenden Christologie", der dieses Phänomen der grundsätzlichen Ausrichtung auf den absoluten Heilsbringer ausdrücken will. Aus einer ontologischen Betrachtung heraus kann der Mensch also gar nicht anders, als im Christusereignis die Unüberbietbarkeit der sich ihm ständig zuschickenden Gnade und Hingeordnetheit seiner selbst zum heiligen Geheimnis zu begreifen.

[179] Rahner, Karl, Grundkurs des Glaubens, 116.
[180] Bokwa, Ignacy, Christologie als Anfang und Ende der Anthropologie, 123.
[181] Van der Heijden, Bert, Karl Rahner, 383.
[182] Rahner, Karl, Grundkurs des Glaubens, 281.

3.4.1. Die irreversible unüberbietbare Selbstmitteilung Gottes als eschatologischer Höhepunkt

Gott wurde in äußerster Selbstentäußerung Mensch, indem er sich selber ausgesagt und in aller Radikalität dem Menschen unwiderruflich zugesagt hat. In der Menschlichkeit Gottes entdecken wir die göttlich veranlagte Verfassung und Berufung des Menschen, „[d]enn er, der Sohn Gottes, hat sich in seiner Menschwerdung gewissermaßen mit jedem Menschen vereinigt“[183]. Christus ist sowohl ein Realsymbol Gottes als auch der einzigartige Ausdruck des Menschlichen.[184] Die Gegensätzlichkeit und Spannung dieser Aussage könnte kaum höher sein. Und dennoch ist diese Aussage für Rahner ein kohärentes Konstrukt, das er als Pendant zum theologischen Axiom „Gott schuf den Menschen“ sieht.

Die anthropologische Suche nach Vollendung weist unweigerlich hin auf die dem Menschen eingestiftete Identität als dem „Abbild“ des Schöpfers, „auf dem er hin geschaffen ist“ (Kol 1,16). Schöpfung und Menschwerdung sind für ihn somit zwei Momente der Selbstentäußerung Gottes.[185] Denn in der Menschwerdung Gottes trifft wie in der Schöpfung die Frage, die der Mensch ist, hypostatisch auf die Antwort, die Gott ist.[186] Hier fällt das transzendentale Verlangen und das „über sich hinaus gewiesen sein“ mit dem Ziel der menschlichen Existenz und dem alles tragenden Grund, auf dem es unaufhörlich hinweist, radikal zusammen. In Christus vereinigt sich die Selbstmitteilung Gottes mit der Selbstverwirklichung des Menschseins in vollendeter Weise.[187] Insofern kann Christus als der „absolute Heilsbringer“ bezeichnet werden. Der Mensch begegnet in Christus der Vollkommenheit, nach der sein ganzes Wesen strebt und stets transzendental vorgreift und wird so zur Grammatik der Selbstentäußerung Gottes. Dies geschieht im Wesensvollzug des Menschen und der Öffnung auf Gott hin.

[183] Gaudium et spes, Nr. 22.

[184] Vgl. Carr, Anne, in: Musser, Donald W. / Price, Joseph L. (Hg.), A New Handbook of Christian Theologians, 378.

[185] Vgl. Rahner, Karl, Grundkurs des Glaubens,191.

[186] Vgl. ebd., 216.

[187] Vgl. Schwerdtfeger, Nikolaus, Gnade und Welt, 247.

Das Zweite Vatikanische Konzil *Dei Verbum* weist darauf hin, dass sich die Offenbarung sowohl in Worten und Taten zeigt, die untrennbar miteinander verbunden und verwiesen sind, „[d]ie innerste, durch diese Offenbarung sowohl über Gott als auch über das Heil des Menschen gegebene Wahrheit aber leuchtet uns in Christus auf, der zugleich als Mittler und als Fülle der ganzen Offenbarung hervortritt“[188]. Ohne Christus lässt sich also niemals von der Ganzheit der Gnade sprechen. Ob diese bewusst gegeben ist oder unthematisch mitbedacht wird, bleibt eine andere Frage.

Wenn Rahner sagt: „Der Gottmensch ist der erste Anfang des endgültigen Gelungenseins, der Bewegung der Selbsttranszendenz der Welt in die absolute Nähe zum Geheimnis Gottes“[189], dann beschreibt er mit derselben Bewegung die Christologie als radikalste Verwirklichung der Anthropologie. Er will damit nicht die Inkarnation gering werten, sondern die gnadenhafte Zuwendung Gottes zum Menschen hin aufwerten. Die spontane, unverdiente Zuwendung der Gnade Gottes sei so konnotiert, dass sie „alle wirklich retten will, [sie] hat einen inkarnatorischen Charakter, sie will sich selbst in allen Dimensionen der menschlichen Existenz, also auch in seiner Geschichtlichkeit und Gesellschaftlichkeit auswirken“[190].

3.4.2. Das chalzedonensische Moment der Gnadenvermittlung: Christologische Prägung und Geschichtlichkeit

Die Voraussetzung, um überhaupt von Gott sprechen zu können, ist, dass wir die heils- und offenbarungsgeschichtliche Trinität, die „ökonomische“, als die „immanente“ annehmen, in der die Unmittelbarkeit Gottes „da ankommt, wo wir selber sind und wo wir ihn, eben diesen Gott selber, streng als ihn selbst empfangen“[191].

Ohne diese Annahme wäre es unsinnig, überhaupt vom trinitarischen Wesen Gottes zu sprechen. Auch gründet jede christologische Aussage ihr Fundament in dieser Grundthese der Deckungsgleichheit beider Größen.

---

[188] Dei Verbum, Nr. 2.

[189] Rahner, Karl, Grundkurs des Glaubens, 177.

[190] Rahner, Karl, Anonymes Christentum und Missionsauftrag der Kirche, in: Schriften zur Theologie, Bd. IX, 513.

[191] Rahner, Karl, Grundkurs des Glaubens, 135.

Das Prinzip, von dem Rahner die ontologischen und anthropologischen Annahmen macht, findet er im christologischen Bekenntnis von Chalzedon.[192] Die Schöpfung ist der Beginn der Selbstoffenbarung Gottes, die in Jesus Christus ihre Vollendung findet. Weil das Wesen Gottes Selbsthingabe ist, sind Schöpfung und Inkarnation nicht zwei völlig unabhängige Größen, sondern unterstehen einer tiefen Verbindung, deren Akteur die gnadenhafte Selbstoffenbarung Gottes ist. Gnade und Transzendenz haben somit immer geschichtliche Anhaltspunkte. Rahner beschreibt dies mit dem Wort der „Koexistenz" von Heilsgeschichte und Menschheitsgeschichte[193], wenn er auch zu bedenken gibt, dass keine völlige Deckungsgleichheit besteht. Die Vermittlung der Heilsoffenbarung ist also nicht bloß ein akzidentieller Zusatz, sondern findet ihren Höhepunkt in der Geschichte und ermöglicht insofern eine Relation dazu. Das bedeutet weiter, dass die menschliche Freiheit als gnadentheologisches Moment erst ernstgenommen wird, wenn man sich zur Selbstmitteilung Gottes in persönlicher Annahme oder Ablehnung äußern kann. Damit dies nicht nur ein innerliches ohne konkreten Wirklichkeitsbezug bleibt, braucht es notwendigerweise eine Geschichtlichwerdung des Heilsereignisses.

Denn die Vermittlung der Gnade Gottes passiert immer über ein drittes Moment, das Rahner als „vermittelte Unmittelbarkeit" [194] bezeichnet. Der Bezugspunkt der Einflussnahme eines geschichtlichen Ereignisses auf die gesamte Menschheit ist realontologisch geprägt und wird im bereits erwähnten Zusammenhang zwischen Schöpfung und Inkarnation am deutlichsten sichtbar:[195] Während die Schöpfung die Basis dafür liefert, dass der Mensch den Anruf Gottes hören *kann*, wird die Inkarnation Christi als das „übernatürliche Existential" bezeichnet, das jedem Menschen zukommt und sofern ein objektives Moment birgt, da es *ungeschuldete* Gnade und Rechtfertigung der Schuld ist. Grundsätzlich wird diese in ihrer pneumatischen Bezogenheit[196] auf Christus jeden Menschen geschenkt– mit der Bedingung, dass er sich dazu in aller Freiheit verhalten kann.

---

[192] Vgl. Carr, Anne, in: Musser, Donald W. / Price, Joseph L. (Hg.), A New Handbook of Christian Theologians, 378.
[193] Vgl. Rahner, Karl, Grundkurs des Glaubens, 141.
[194] Rahner, Karl, Grundkurs des Glaubens, 293.
[195] Vgl. Bokwa, Ignacy, Christologie als Anfang und Ende der Anthropologie, 145.
[196] Vgl. Schwerdtfeger, Nikolaus, in: LThK, Bd. 1, 702.

Rahner bemerkt zur Allgemeinheit der Geschichtlichkeit der christologisch vermittelten Gnade: „Diese hypostatische Union darf im ersten Ansatz nicht so sehr als etwas gesehen werden, was Jesus von uns unterscheidet, sondern als etwas, was einmal und nur einmal geschehen muss, wenn die Welt beginnt, in ihre letzte Phase einzutreten (...), in der sie ihre endgültige Konzentration, ihren endgültigen Höhepunkt und ihre radikale Nähe zum absoluten Geheimnis, Gott genannt, verwirklichen soll“ [197]. Der Höhepunkt der Gnadenzuwendung Gottes ist also ausreichend, wenn er sich in einer geschichtsübergreifenden, existentialen Weise nur einmal geschichtlich festmacht und bedarf nicht einer ständigen Wiederholung. Dies würde auch gegen die Unüberbietbarkeit des Gnadengeschehens sprechen. Aufgrund dieses historisch greifbaren gewordenen Geschehens sieht Rahner die Gesamtheit der Menschen hingeordnet auf das irreversible geschichtliche Heilsereignis und die reale Selbstzusage Gottes, deren Einmaligkeit unwiderruflich ist und für alle Menschen Geltung hat. In Jesus Christus ist die Menschheit ein für alle Mal geheiligt und auf Gott hin trotz der persönlichen Schuldfrage ausgerichtet.

Als Stellvertreter hat Christus die Menschheit mit Gott in eine erneute Beziehung gesetzt, auf die der Mensch vom Schöpfungsmoment an ausgerichtet war, die er jedoch durch die Schuldverstrickung verloren hatte.

Im Gegensatz zu Rahner argumentiert Barth die Stellvertreterrolle damit, dass Jesus Christus *der* wahre Mensch ist, dessen Menschlichkeit erhöht ist und sich qualitativ von uns unterscheidet. Insofern er radikal mit dem Willen Gottes übereinstimmte und nicht sündigte, sei er der original versöhnte Mensch, der den Bund Gottes mit seinem Volk wieder herzustellen vermag.[198]

Rahner dagegen legt den Schwerpunkt des geschichtlich personhaften Heilsereignisses darauf, dass der Mensch als solcher sich von Gott absolut durch die irreversible Annahme der Menschheit durch Christus als bestätigt erfährt und ihm so eine ganzmenschliche Vollendung ermöglicht wird. Dabei muss bemerkt werden, dass dieses Ereignis zwar eine Zielgerichtetheit hat, diese aber dennoch individuell und personal vollzogen werden muss. Dies schließt – wie bereits erwähnt - einen Freiheitsakt unthematischer Art nicht aus.

[197] Rahner, Karl, Grundkurs des Glaubens, 177.
[198] Vgl. Friedmann, Edgar Herbert, Christologie und Anthropologie, 232.

Nur indem Gott geschichtlich irreversibel greifbar wird, ermöglicht sich eine individuelle Antwort und ein Bezug zu ihm. Rahner geht soweit, dass er das übernatürliche Existential des Menschen als Christus selbst sieht, der die inkarnierte Gnade ist, somit ein Beziehungsgeschehen ermöglicht und zugleich jedes gnadentheologische Geschehen christologisch prägt.[199] Wenn sich jemand an das heilige Geheimnis wegwagt, dass er womöglich nicht kennt, so mag dieser Christus begegnen, ohne zu wissen, dass er denjenigen ergreife, in dessen Leben und Tod er hineinstürzte als in sein erlöstes Geschick, dass er dem begegne, den die Christen mit Recht Jesus von Nazareth nennen.[200] Der Ungesehene sei demnach nicht immer der Ungewollte.[201]

3.5. Die „Objektivität" der Erlösung

„Dadurch, dass das Wort Gottes Mensch geworden ist, ist realontologisch die Menschheit auch schon im Voraus zur faktischen gnadenhaften Heiligung der einzelnen Menschen, zum Volke der Kinder Gottes geworden."[202] Bedeutet das nun, dass von vornherein jeder Mensch faktisch „gerettet" ist? Rahner würde das klar verneinen, da das Freiheitsmoment des Menschen deshalb nicht vermindert wird, sondern eine existentielle Bejahung des Einzelnen unumgänglich bleibt. Wie aber lässt sich dann eine „Objektivität" des Heilsereignisses rechtfertigen?

Rahner stellt wiederum eine Beziehung zur Inkarnation des Logos her: „Die reale Einheit der Menschheit [...] als eine in der Freiheitstat des Menschen zu übernehmende naturale Entscheidung des Menschen ist nun konkret bestimmt durch die Menschwerdung des Wortes Gottes."[203] Durch diese Menschwerdung ist jeder Mensch, insofern er am Wesen der Menschheit teilhat, gerufen zur übernatürlichen Teilhabe am trinitarischen Leben Gottes. Konkret expliziert Rahner das umfassende Heilsereignis: „Diese Berufung zur übernatürlichen Teilnahme am Leben des dreifaltigen Gottes, die grundsätzlich, und zwar als schon in der Welt real gegebene Tatsache (und nicht nur als ‚Absicht' oder ‚Gesetz' Gottes) schon durch die

---

[199] Vgl. Bokwa, Ignacy, Christologie als Anfang und Ende der Anthropologie, 144 -145.
[200] Vgl. Rahner, Karl, Zur Theologie der Menschwerdung, in: Schriften zur Theologie, Bd. IV, 137-155, 153.
[201] Vgl. ebd.
[202] Rahner, Karl, Rahner, Karl, Die Gliedschaft in der Kirche nach der Lehre der Enzyklika Pius' XII. Mystici Corporis Christi, in: Schriften zur Theologie, Bd. II, 7-94, 89.
[203] Ebd.

Menschwerdung des Wortes gegeben ist, ist einerseits eine Wirklichkeit, die der personalen Entscheidung des Menschen vorausliegt, und andererseits, weil in der *Fleisch*werdung des Wortes Gottes vollzogen, eine Wirklichkeit, die der Dimension des Geschichtlichen, des Sichtbaren angehört und als faktische Bestimmung des Menschengeschlechtes im ganzen auch eine real-ontologische Bestimmung des Wesens eines jeden Menschen ist."[204] Die Folge, die Rahner daraus zieht, ist, dass die Entscheidung eines Menschen in seiner geistig verfassten Personalität im Vollzug seiner „Natur" unvermeidlich immer auch eine Stellungnahme für oder gegen diese übernatürlich gegebene Berufung sei.[205] Besonders deutlich wird dies an zwei Höhepunkten: der Menschwerdung und der Vollendung. Dies gilt sowohl in Bezug auf Gott als auch auf den Menschen, der den Gott-menschen zum Vorbild hat. So wie die Fleischwerdung des Wortes Gottes das geschichtlich-materiale Voraus des ganzen menschlichen Geschlechts heilshaft umfasst, so gipfelt im Tod das Zuendekommen dessen, was der Mensch selbst in seiner Freiheit im Raum des sich ihm angebotenem Heils zu wirken vermochte.[206]

Diese Heilsberufung, die als Vorgriff immer schon die Existenz des Einzelnen erfüllt, wird im Augenblick des Todes also noch einmal auf die Spitze getrieben. Von Rahners Kritikern, die den Vorwurf machten, der „anonyme Christ" könne an jedem beliebigen „geschichtlichen Material" das transzendentale Heil kategorialisieren ohne der Notwendigkeit einer Gottesoffenbarung nachzugehen, wurde dieser persönlich existentiale Vollzug und Freiheitsvollzug im Todesakt oft übersehen.[207]
Gerade weil das „Material", an dem sich die Gnade zeigt, von Gott selbst her transzendental durchwirkt ist, ist eine gewisse Objektivität der Erlösungsgnade in einer unthematischen Weise immer gegeben: „Because human nature is touched by God's self-gift in Christ, anonymous Christianity exists wherever one is open to the infinite mystery of human existence."[208] Der christologische Bezug darf in Hinblick auf die Unüberbietbarkeit der Selbstoffenbarung Gottes dabei nicht vernachlässigt werden.

---

[204] Vgl. Rahner, Karl, Schriften zur Theologie, Bd. 2, 88.
[205] Vgl. ebd.
[206] Vgl. Raffelt, Albert / Verweyen, Hansjürgen, Karl Rahner, 83.
[207] Vgl. ebd.
[208] Carr, Anne, in: Musser, Donald W. / Price, Joseph L. (Hg.), A New Handbook of Christian Theologians, 380.

3.6. Die Freiheit des Menschen und unthematische Bejahung oder Verneinung

Die Unterscheidung zwischen thematisch, sprich explizit und bewusst, sowie unthematisch, ungegenständlich oder implizit-unbewusst, übernahm Rahner wie erwähnt aus der Philosophie. Konkret taucht diese Unterscheidung bei Husserl und Heidegger auf.[209] Im Verständnis Rahners lässt sich auch die Unterscheidung zwischen "transzendental" und "kategorial" großteils ebenso in diesem Sinne verstehen. Für Maréchal ist das, was „transzendental" bedeutet, im Sinne der Scholastik und Kants das, was die Kategorien übersteigt und gilt als „Bedingung der Möglichkeit" von Erkenntnis.[210] Auch Rahner sieht das so, allerdings widerspricht er Kant, wenn er mit Maréchal beteuert, dass Bedingungen der Möglichkeiten von uns unthematisch miterkannt werden.[211] Dennoch ist das Unthematische eine unvollkommene Form, die ihrer Vollendung in der Konkretion entgegenstrebt:
„Diese Erkenntnis stellt gewissermaßen nur den nicht ausdrücklichen Hintergrund unseres Bewusstseins dar und muss kategorial ausdrücklich gemacht werden. (...). Das, was an sich bereits ungegenständlich da ist, muss eine konkrete welthafte Form annehmen, muss kategorial werden."[212] Dies gelte sowohl für die Ereignisse der Heilsgeschichte genauso wie die konkrete Verwirklichung der Kirchengemeinschaft und des sakramentalen Lebens.[213] Die thematische Stellungnahme, die an der „Natur" des Menschen geschieht, ist Ausdruck dessen, was der Mensch sein will und zum anderen der geschichtlich sichtbare Heilswille Gottes, die der Mensch personal annimmt und vollzieht.[214] Da das ganze menschliche Dasein mit Gnade erfüllt ist, ist jede Handlung, die der Mensch setzt, ein Akt, der in Beziehung mit der Gnade steht, und insofern eine Stellungnahme zum Vermittler sein kann.[215] Als Form der endlichen Freiheit in Zeit und Ort wird die Geschichtlichkeit betrachtet, in der die Transzendenz realisiert wird.[216]

---

[209] Vgl. Schöndorf, Harald, Die Bedeutung der Philosophie bei Karl Rahner (QD 213), 13-29, 19.
[210] Vgl. ebd., 20.
[211] Vgl. ebd.
[212] Ebd.
[213] Vgl. ebd.
[214] Vgl. Rahner, Karl, Schriften zur Theologie, Bd. 2, 89.
[215] Vgl. Carr, Anne, in: Musser, Donald W. / Price, Joseph L. (Hg.), A New Handbook of Christian Theologians, 380.
[216] Vgl. ebd., 377.

Raffelt und Verweyen analysieren Rahners Auffassung von Freiheit zudem in der Weise, dass sie diese mit dem Wesen des menschlichen Selbstvollzugs folgend zusammenfassen: „Die Freiheitsentscheidung stellt den Menschen immer schon vor Gott; sie ist somit immer Entscheidung über seine Stellung vor Gott.“[217] Dagegen beziehe sich der spontane, unfreiwillige Daseinsvollzug immer auf ein endliches (oder zumindest als endlich vorgestelltes) Gut.[218] Offenbarung ist also zweifach gegeben: in transzendentaler Weise, die immer anwesend ist und im Objektiven, das im Freiheitsvollzug explizit bejaht oder verneint werden kann.[219]

In Bezug auf das Anonyme Christentum formuliert es Schöndorf folgendermaßen: „Thematisch glauben nur Christen an Jesus Christus als den absoluten Heilsbringer. Aber dies schließt nicht aus dass auch jeder andere Mensch in der Lage ist, unthematisch an Jesus Christus zu glauben, wenn er seinem Gewissen folgt und so handelt, wie dies ein Glaubender täte, soweit er dazu ohne expliziten Glauben in der Lage ist.“ [220] Insofern der Mensch seine vorgefundene Existenz mit seiner transzendentalen Verwiesenheit entschlossen annimmt und einen Akt absolute Hingabe und Liebe setzt, ist eine Gegenwartform der „suchenden Christologie“ bereits gegeben.

Konkret exemplifiziert dies Rahner an den Beispielen selbstloser Nächstenliebe, die völlige Annahme des Todes und das Hinausragen über sich selbst im Akt der Hoffnung.[221] Bei der Theorieannahme einer unthematischen Gottesbejahung darf aber diese niemals von ihrem Ursprung getrennt werden: der Einbettung der persönlichen Entscheidung über sich selbst hinaus (welches als „votum“ bezeichnet wird) in der quasi-sakramentalen Wirklichkeit des durch Christus angenommenen, erlösten menschlichen ‚Fleisches‘.[222]

Siebenrock verweist auf zwei Freiheiten, in Rahners fundamentaltheologischen Ansatz zum Tragen kommen: zum einen erwähnt er die Freiheit Gottes, die zu wahren ist, da „seine Offenbarung mehr ist als die Objektivation religiöser

---

[217] Raffelt, Albert / Verweyen, Hansjürgen, Karl Rahner, 67.

[218] Im weiteren wird das Wesen der Konkupisenz beschrieben, das gegen die Freiheitsentscheidung des Menschen beharrt, vgl. Raffelt, Albert / Verweyen, Hansjürgen, Karl Rahner, 67.

[219] Vgl. Carr, Anne, in: Musser, Donald W. / Price, Joseph L. (Hg.), A New Handbook of Christian Theologians, 379.

[220] Schöndorf, Harald, Die Bedeutung der Philosophie bei Karl Rahner (QD 213), 13-29, 22.

[221] Vgl. Raffelt, Albert / Verweyen, Hansjürgen, Karl Rahner, 177.

[222] Vgl. ebd., 78.

Zuständlichkeit oder eine apriorische Vorwegnahme aller Freiheit".[223] Zum anderen zeigt er die Offenheit des Menschen auf, die gegeben sein muss, um die Offenbarung entgegenzunehmen und die nicht als Automatismus verstanden werden darf.[224] Grundsätzlich nimmt Rahner auch die reale Möglichkeit eines absoluten Widerspruchs aufgrund der Absolutheit der Freiheit an und disqualifiziert jene theologischen Meinungen, die die Tragweite einer Entscheidung nur innerhalb der Endlichkeit konstatieren.[225] Erst im Hinblick auf die Transzendenz, die den Menschen als Subjekt setzt, sieht Rahner die Vollblüte der menschlichen Freiheit, die in der Bejahung oder Verneinung eine Unmittelbarkeit zu Gott hin birgt[226].

Auch wenn der Mensch eine explizite Antwort auf das unwiderrufliche Gnadenangebot Gottes geben muss, so darf diese nicht einfach nur die Summe moralischer Beurteilungen oder das Nein zu einer falschen Gottesvorstellung sein, sondern muss in Anschauung der Unmittelbarkeit Gottes geschehen.

Rahner kategorisiert vier Ausgestaltungen thematischer und unthematischer Entscheidungen[227]: Der „Optimalfall" ist ein ausreichend und richtig objektivierter, expliziter Theismus, der die transzendentale Unmittelbarkeit Gottes in einer sittlichen und praxisorientieren Glaubenszustimmung widerspiegelt. Der transzendentale Vollzug und seine Erkenntnis sind dabei so gut wie ident.

Eine zweite Möglichkeit ist die in aller Freiheit bewusste Ablehnung eines transzendentalen Theismus, der in einer gewissen Objektivität mit der Realität Gottes steht und praktisch oder theoretisch vollzogen wird, wo jedoch auf die Stimme des Gewissens unthematische Gottesbejahung stattfinden kann. Gott wird mehr oder weniger richtig erkannt, theoretisch abgelehnt, aber im praktischen Lebensvollzug passiv bejaht. Die dritte Art ist eine transzendentale Gotteserfahrung, die nicht richtig objektiviert wird und wo aufgrund eines nicht richtig verstandenen Gottesbegriffes ein „unverschuldeter Atheismus" zustande kommt. In der Praxis dieser dritten Art wird gerade im sittlichen Akt die Verwiesenheit auf die Transzendentalität jedoch vollzogen und Gott insofern unthematisch bejaht.

[223] Siebenrock, Roman A., Deus semper major, 73-90, 79.
[224] Vgl. Siebenrock, Roman A., Deus semper major, 73-90, 76.
[225] Vgl. Rahner, Karl, Grundkurs des Glaubens, 100.
[226] Vgl. ebd., 101.
[227] Vgl. dazu Rahner, Karl, Atheismus und implizites Christentum, in: Rahner, Karl, Sämtliche Werke, Bd. 21/2, 885-903, 895f.

Hier sprechen wir von einem klassischen Atheisten, den vermutlich auch das Konzil meint, wenn es von der Möglichkeit einer Rechtfertigung eines solchen Menschen spricht. Insofern kann ein schuldlos kategorialer Atheismus auch ein transzendentaler Theismus sein.

Die vierte Möglichkeit ist die falsche Interpretation der transzendentalen Verwiesenheit, die im Freiheitsakt auch bewusst verneint und „durch schwer schuldhafte Untreue gegen das eigene Gewissen“[228] existentiell verleugnet wird.

Die Schwere der Schuld wird dadurch konstituiert, dass es sich nicht um einen beliebigen Gegenstand handelt, der verneint wird, sondern im Letzten die „Grundverwiesenheit des Menschen *auf Gott selber*“ [229] mit einem klaren „Nein“ belegt wird. Dieser schuldhafte Atheismus schließt von einer Heilsmöglichkeit während seines Bestehens aus.[230] Rahner weist auch darauf hin, dass nicht jeder nominelle Christ automatisch gerechtfertigt ist. Ein Mensch kann sich „Christ“ nennen, in der Objektivation seiner Erkenntnis Gott annehmen und dennoch ein „transzendentaler Atheist“ [231] in aller Freiheit sein. Wichtig ist auch auf die Gründe zu schauen, warum ein Mensch in einen expliziten oder impliziten Atheismus lebt. Gerade im pastoralen Umfeld wird dies von hoher Relevanz.

4. Konsequenzen und Perspektiven für die Pastoral

Die Annahme einer Theorie des anonymen Christentums zieht sehr viele pastorale Konsequenzen mit sich. Zum einen darf nicht vergessen werden, dass sie aus einer veränderten Lage kirchlicher Befindlichkeit heraus entstanden ist, der man sich früher oder später lehramtlich stellen musste. Die pastorale Problemlage forderte also zum einen eine dogmatische Aufarbeitung, die sich wieder in die Pastoral zurückspiegeln sollte. So war beispielsweise eine wachsende Bewegung von nominell nicht getauften Christen festzustellen, die in einer globalisierten Welt informativ zwar vom Christentum gehört haben, sich aber nicht einer existentiellen Bejahung stellen.

---

[228] Ebd., 896.
[229] Ebd.
[230] Vgl. ebd.
[231] Der transzendentale Atheismus meint jene Form, in der Gott durch die Freiheit und nicht durch fehlende Erkenntnis verworfen wird und als Urgrund des menschlichen Seins existentiell verleugnet wird. Dieser ist – im Gegensatz zum „kategorialen Atheismus“ immer als schuldhaft einzustufen, vgl. ebd., 897.

Dies ist ein bedeutungsträchtiger Hintergrund, der pastoraltheologischen Humus bietet. Dieser Welt gilt es sich nun mit dem neuen Theologumenon zu stellen.

Zugleich scheint die Möglichkeit eines unthematischen christlichen Bekenntnisses, wie bereits oben besprochen, die Notwendigkeit der Mission und Verbreitung des expliziten Bekenntnisses zu nivellieren. Man stellte sich die Frage: Inwiefern hat dann der biblische Sendungs- und Missionsanspruch überhaupt noch Geltung? Und gibt es eine Korrespondenz zwischen neutestamentlicher Heilsgeschichte und der von Rahner angestoßenen theologischen Überlegungen? Die Grundannahmen des übernatürlichen Existentials, des allgemeinen Heilsanspruchs Gottes, der transzendentalen Ausrichtung des Menschen auf Gott hin und die Möglichkeit einer unthematischen Umarmung der trinitarisch geprägten Gnade aufgrund des menschlichen Gewissens wurde schnell Klarheit zugesprochen. Dass in der Folge das Anonyme Christentum keinen Widerspruch zum missionarischen Wesensvollzug der Kirche bieten kann, wurde pastoraltechnisch gesehen von Karl Rahner immer wieder betont.[232]

Zur Verkündigungstätigkeit angesichts einer bisher unbekannten Pluralität von politischen, soziokulturellen und religiösen –ismen bemerkt Rahner im Hinblick auf die Möglichkeit des Anonymen Christentums, dass sich die Verkündigung immer an mündige Menschen richte, die schon eine wirkliche Erfahrung dessen haben, was mit Gott gemeint ist, wenn auch aus verschiedenen Gründen kein reflektiertes Bewusstsein darüber: „Wenn er [gemeint ist der Mensch] wirkliche unbedingte Treue, absolute Wahrhaftigkeit, selbstlose Hingabe an das Wohl anderer und ähnliche Grundverhaltungen des Menschen kennt, dann weiß er etwas von Gott, auch wenn er nicht reflex weiß, dass er dies weiß."[233] Dies ist besonders im pastoralen Umfeld zu bedenken, wo in unseren Breitengraden die Substanz der Tradition immer mehr zerbröckelt und verschiedene Formen des Atheismus und Neo-Paganismus auf der Bildfläche erscheinen.

---

[232] Vgl. dazu Rahners Erfahrung mit einem japanischen Studentenseelsorger, der die Theorie des anonymen Christentums einen notwendige Voraussetzung seiner Mission betrachtete, vgl. Rahner, Karl, Bemerkungen zum Problem des „Anonymen Christen", in: Schriften zur Theologie, Bd. X, 531-546, 544.

[233] Rahner, Karl, Atheismus und implizites Christentum, in: Rahner, Karl, Sämtliche Werke, Bd. 21/2, 885-903, 898.

Die Frage, wie wir diesen Menschen heute begegnen können, wandelt sich sehr schnell in die Frage, „was mit ‚Gott' selbst eigentlich gemeint sei und von woher wir Theisten und Christen selbst einen ursprünglichen Zugang haben zu diesem unbegreiflichen Geheimnis unseres Daseins"[234]. Die Schwierigkeit, die uns als Menschen in Bezug auf Gott nämlich obliegt, ist jene, dass wir versucht sind, Gott mit empirischen Mitteln zu erkennen. Dass nämlich das Wesen seiner Erkenntnis eine transzendentale Erfahrung in aller Freiheit an sich bereits ist und somit die Bedingung der Möglichkeit aposteriorischer Erfahrung darstellt,[235] muss gerade im Umfeld der kirchlichen Pastoral bedacht werden. Hinzu kommt, dass in jedem Bekenntnis auch eine Negativität steckt. Man kann sich zu Gott be-kennen, ohne ihn wirklich zu kennen (und damit einem subjektiven verfärbten Gottesbild Raum geben) oder aber sich bewusst der Negativität im Sinne der Unsagbarkeit des Bekennenden als Kongruenz der Positivität kenntlich zeigen. In diesem Sinne wird „der konstitutive Überhang unseres Sprechens von Gott [...] im Modus des Sagens und Unsagbaren artikuliert".[236]

4.1. Ambivalenz und Primat des Bekenntnisses

Rahner geht von einem Begriff des „Anonymen Christentums" in der Form aus, dass es eine Beziehung zwischen einem einzelnen Menschen und der Heilsgeschichte geben muss, und zwar implizit im Gehorsam seiner gnadenhaften Verwiesenheit[237]. Dabei mahnt er bei der Verwendung dieses Begriffes zur Diskretion und relativiert ihn gewissermaßen selbst, indem er verschiedene Abstufungen und fließende Übergänge zum expliziten Bekenntnis zu Christus hinzufügt. Zudem weist er allgemein hin: „Man ist immer Christ, um es zu werden"[238]. Darin mag er wohl Recht haben, wenn er den Lebensvollzug dessen anspricht, was man als getaufter Christ bekennt. Dennoch erhebt sich im Weiteren die Frage nach der Notwendigkeit der Explikation des Bekenntnisses.

---

[234] Ebd., 903.
[235] Vgl. ebd., 899.
[236] Hoff, Gregor Maria, Negativität – ein theologisches Problemexposé, in: SaThS 40 (2010), 215-224, 221.
[237] Vgl. Rahner, Karl, Grundkurs des Glaubens, 291.
[238] Ebd.

Henri de Lubac fragt pointiert nach der Konsequenz einer Rechtfertigung in Bezug auf die Notwendigkeit der Kirche: „Wenn nun aber jeder Mensch, auf wie knappen und unsicherem Weg auch immer, sich retten kann, wozu dann die Kirche?“[239]

Er fragt weiter, ob sie nur „gesichertes Heil“ für ein paar wenige bedeute oder notwendig sei, um als Gnadenverwalterin auch jene in geheimnisvoller Weise zu umsorgen, die sie verkennen. Warum aber dann die drängende Forderung nach der Ausbreitung der Taufe und des expliziten Bekenntnisses? Denn „[w]enn ein unausgesprochenes Christentum [!] zum Heile derer, die kein anderes kennen, genügt, warum dann noch nach einem ausgesprochenen suchen?“[240]
Das Zweite Vatikanische Konzil hebt trotz Anerkennung einer impliziten Rechtfertigung auf Wegen Gottes in LG 14 und AG 7 sehr ausdrücklich die Notwendigkeit der Kirche und der Mission hervor. Dieser sich aufdrängenden Fragestellung ist sich auch Rahner bewusst und gibt zu bedenken, dass eine Theologie der Möglichkeit eines eigentlichen Heilsglaubens auch im ‚Heiden‘ so gestaltet werden müsse, „dass die Bedeutung eines expliziten Christentums mit Evangelium und Kirche und die Notwendigkeit der missionarischen Verkündigung dieses Christentum an alle Völker und alle Menschen nicht verdunkelt werden.“ Rahner will mit seiner christozentrischen Formulierung des allgemeinen Heilswillen dem expliziten Christentum keinerlei Abstrich machen, sondern ganz im Gegenteil: „Wenn der Mensch reflexer weiß, wer er ist und als wer er in Freiheit sich vollzieht, ist die Chance, dass ihm dieser Selbstvollzug gelingt und radikal glückt, größer, als wenn er nur sehr dumpf und unreflektiert sein Menschsein besitzt und vollzieht.“[241] Auch Walter Kasper weist auf das Drängen einer Explikation des anonymen Christentums hin: „[I]n diesem Namen liegt zugleich, dass wie alle Vollzüge des Menschen, auch dieser Grundvollzug nicht in seiner Anonymität stehen bleiben kann und will, sondern dass er auf seine Ausdrücklichkeit, seinen Namen hinstrebt.“[242]

---

[239] Lubac, Henri de, Glauben aus der Liebe, 192.
[240] Ebd., 193.
[241] Rahner, Karl, Anonymes Christentum und Missionsauftrag der Kirche, in: Schriften zur Theologie, Bd. IX, 515.
[242] Kasper, Walter, Jesus der Christus, 550.

Der anonyme Christ wird sich zwar dieses Strebens nicht bewusst sein, solange er diesem Status verbleibt, gelangt er jedoch zu einer höheren Stufe der Ausdrücklichkeit und des bewussten Glaubens, wird er dies rückblickend wohl kaum verleugnen.

Dass ein Glaube auch dort zur Rettung notwendig ist, wo keine explizite Kenntnis des Evangeliums vorausgesetzt werden kann, davon ist Rahner überzeugt und versucht, diesen zu denken und die Voraussetzungen dafür zu erläutern.[243] Auch die Kirchenkonstitution des Zweiten Vatikanums verweist auf einen „heilsschaffenden Glauben“, der notwendig ist - wenn auch von Gott auf Wegen gegeben, die nur ihm bekannt sind.[244] Den Glauben des anonymen Christen sieht er in der Annahme des apriorischen Bewusstseins - das er schon als Offenbarung konnotiert - im völligen Freiheitsvollzug, der sich als eine absolute Eröffnetheit zur Unmittelbarkeit des sich mitteilenden Gottes zeigt. Dennoch stellt er deutlich eine Differenz zum gegenständlich-begrifflichen Glaubensvollzug fest [245] und bestimmt das Verhältnis des rudimentären Glaubens eines anonymen Christen im Vergleich zum bekennenden Gläubigen mit dem Bild des Verhältnisses von Keim und Pflanze.[246] Dem Keim dürfe man dabei nicht den Namen absprechen, den man der Pflanze gibt, die aus ihm werden soll.[247]

Warum das Bekenntnis dennoch eine gewisse Ambivalenz birgt, hat folgenden Grund: Indem wir Gott bekennen, bekennen wir uns auch zu seiner Geheimnishaftigkeit und im Letzten zu einer gewissen Entzogenheit aufgrund seiner Unverfügbarkeit und Heiligkeit. Die Annahme eines expliziten Glaubens birgt immer eine gewisse Unsicherheit aufgrund einer gewissen Prekarität der Glaubensüberlieferung. Hier ist „aber gerade der Christus-Titel *ein* Name für das unsagbare Geheimnis der Aufhebung der menschlichen Anonymität Gottes“[248].

---

[243] Rahner verweist mit dieser Feststellung auf die kirchlichen Dokumente und bemängelt deren fehlende Erklärungsversuche: vgl. Rahner, Karl, Bemerkungen zum Problem des „Anonymen Christen“, in: Schriften zur Theologie, Bd. X, 531-546, 543.

[244] Vgl. Gaudium et spes, Nr. 22.

[245] Vgl. Rahner, Karl, Bemerkungen zum Problem des „Anonymen Christen“, in: Schriften zur Theologie, Bd. X, 531-546, 542.

[246] Vgl. ebd, 543.

[247] Vgl. ebd.

[248] Vgl. Hoff, Gregor Maria, Anonyme Christen, in: SaThS 40 (2010), 347-364, 360.

Durch die Ansprechbarkeit Gottes kann der Mensch pneumatologisch die Präsenz Christi in gewisser Weise steuern – selbst wenn er noch immer der alles Übersteigende und je Andere bleibt. Liturgisch geschieht dies beispielsweise im Hochgebet über den eucharistischen Gaben.

Im sakramentalen Vollzug bindet sich die Wirkursächlichkeit Gottes an das menschliche Wort und Bekenntnis. Insofern steckt im Bekenntnis, in der Ansprechbarkeit Gottes mit seinem Namen eine gewisse Verfügbarkeit, selbst wenn er als der je Größere immer in einer gewissen Unverfügbarkeit[249] verborgen bleibt. Warum das Heil ohne Christusbezug unmöglich ist, nennt van der Heijden in einem plakativen Statement:

Jesus Christus „offenbart Gott, und Gott zu kennen ist das Heil". Während der explizite Christ den Offenbarer erkennt, hat der anonyme Christ zwar die Erkenntnis Gottes in unthematischer Weise, erkennt aber nicht die konkrete Person Christi und damit den Höhepunkt der Gnadenoffenbarung.

Eine Frage, die sich stellt, ist, ob das Bekenntnis immer nur ganz oder gar nicht gegeben sein muss, oder ob es eine Abstufung dazwischen gibt - beziehungsweise eine Gewichtung der relevanten Glaubensinhalte, die bekannt oder verleugnet werden. Hier wenden wir uns dem Begriff der „Hierarchie der Wahrheiten" und Rahners Auseinandersetzung damit zu.

4.2. „Hierarchie der Wahrheiten"

Wenn wir davon ausgehen, dass Wahrheit existiert und dass sie erkannt werden kann, können wir dann auch feststellen, dass es innerhalb der erkannten Wahrheit eine hierarchische Ordnung gibt? Konkret: Müssen alle Glaubensinhalte in der gleichen Weise festgehalten werden oder kann und darf es Intensitätsunterschiede in Bezug auf gewisse Glaubensgegenstände geben? Der Frage ist in der Weise nachzugehen, indem wir über das Verhältnis und der Bewertung einer unthematischen Bejahung und einer möglichen thematischen Verneinung eines christlichen Glaubensgutes nachdenken.

---

[249] Selbst in der visio beatifica wird eine gewisse Differenz zwischen Schöpfer und Geschöpf nicht aufgehoben.

In der theologischen Welt begegnet uns der Begriff der „Hierarchie der Wahrheiten“, der sich auf die Relativität von Wahrheiten bezieht, jedoch von einem objektiven Wahrheitsbegriff ausgeht.

Die Begrifflichkeit taucht im II. Vatikanischen Konzil im Dekret über den Ökumenismus (Nr.11) auf und bezieht sich auf eine Rangordnung *innerhalb der katholischen Lehre* in Bezug auf das Fundament des christlichen Glaubens.
Rahner beschreibt den Rahmen dieser Wendung: „Das Konzil ermahnt in diesem Dekret die katholischen Theologen, beim ökumenischen Gespräch auf diese Hierarchie der Wahrheiten zu achten“.[250] Allerdings gehe das Konzil nicht weiter darauf ein, was genau darunter zu verstehen sei, es verweist eben nur auf den Zusammenhang der einzelnen Glaubenswahrheiten mit dem „Fundament“ des Glaubens.

Angeregt wurde der Gedanke durch den Görzer Erzbischof A. Pangrazio, der von einer hierarchischen Ordnung der geoffenbarten Wahrheiten und auch auf eine *hierarchia veritatum* Bezug nahm.[251] Der Bischof kritisiert dabei die Auffassung, dass alle geoffenbarten Wahrheiten mit demselben göttlichen Glauben festzuhalten – beziehungsweise wenn sie etwa von der Substanz des Christentums weiter entfernt scheinen – sie alle verwerflich seien.[252] Diese Auffassung kritisiert auch Rahner, macht aber zugleich noch auf weitere Schwierigkeiten aufmerksam.
Er zeigt zunächst auf, dass alle Glaubenswahrheiten von sich her den christlichen Glauben beanspruchen und Gegenstand eines Glaubensaktes sein können.
Zudem werden Glaubenswahrheiten je nach individuellem Glaubensakt mit unterschiedlicher Glaubensintensität geglaubt. [253] Er trifft eine Unterscheidung zwischen dem Glaubensakt *(fides qua)* und dem Glaubensgut *(fides quae).*
Insofern könne man die Aussage „Alle Glaubenswahrheiten sind mit demselben Glauben festzuhalten“ nicht ernst nehmen, da schon durch die natürlich gegebene menschliche Verfassung nicht alles mit derselben Intensität geglaubt werden *kann.*
Rahner geht noch einen Schritt weiter und stellt fest, dass selbst das *„fides qua“*, also der Glaube, wodurch geglaubt wird, einer Hierarchie unterliegt.

---

250 Rahner, Karl, Hierarchie der Wahrheiten, 163.
251 Vgl. ebda.
252 Vgl. ebda.
253 Vgl. ebda, 164.

Er will damit verdeutlichen, dass das Glaubensgut in Bezug auf das Fundament ebenso wie der Glaubensakt an sich in Bezug auf die Person einer gewissen Relativität untersteht.
Im weiteren Verlauf fragt sich Rahner, was denn das „Fundament des Glaubens“ sei und gibt sich folgende Antwort: Gemeint seien die grundlegenden Wahrheiten des Glaubens, diejenigen, auf denen alles andere ruhe und die selber nicht weiter auf andere Wahrheiten zurückgeführt werden können. Diese seien sowohl im Neuen Testament, in den Glaubensbekenntnissen und an anderen Orten auffindbar.
Die selbstverständlichen Formulierungen der Glaubensbekenntnisse können dabei manchmal weniger aufschlussreich als heutige Beschreibungen der Fundamentalwahrheiten sein.[254] Indirekt nimmt Rahner hier durch die Bezeichnung des Fundaments eine absolute Konstante an, die in einer Wechselwirkung mit der geschichtlichen Verfasstheit der Menschen steht. Das *Aggiornamento* und das Aufsuchen aktueller Fundorte im Menschen und soziokulturellen Umfeld scheint ihm von besonderer Wichtigkeit zu sein.
In seinen Überlegungen geht Rahner noch weiter und versucht einen praxisrelevanten Bezug: Unter pastoralen Gesichtspunkten müsse man nicht nur über eine „objektive Hierarchie der Wahrheiten“ nachdenken, sondern noch vielmehr über eine „existentielle Hierarchie der Wahrheiten“.[255] Diese beiden seien nicht automatisch deckungsgleich. Rahners These lautet: „Im wirklich erreichbaren und zumutbaren Glauben eines Menschen gibt es einen Unterschied zwischen einer objektiven und existentiellen Hierarchie.“[256] Sichtbar werde dies sowohl im Glaubensbewusstsein des Einzelnen, in den Spiritualitäten verschiedener Gruppen als auch im Verlauf der Kirchengeschichte.

Werfen wir einen näheren Blick auf seine Unterscheidung: Die objektive Hierarchie der Wahrheiten wird bestimmt vom objektiven Zusammenhang der Glaubenswahrheiten (nicht nur durch das gegenseitige Bedingungsverhältnis, sondern durch das objektive „Gewicht“ der einzelnen Wahrheiten).[257] Eine Absolutheit und Objektivität wird hier sehr offensichtlich beansprucht.

---

[254] Vgl. Rahner, Karl, Hierarchie der Wahrheiten, 165.
[255] Ebda.
[256] Ebda., 166.
[257] Vgl. ebda.

Die existentielle Hierarchie meint die Glaubenswahrheiten hinsichtlich ihrer lebensprägenden Kraft. Sie hat natürlicherweise mit der objektiven Hierarchie zu tun, insofern diese als Korrektiv wirkt und steht ihr relational gegenüber. Rahner bringt veranschaulichend dafür das Beispiel eines Südamerikaners, der vom christlichen Glauben nur die „Nuestra Senora de Guadeloupe" kennt und in dessen Armut der Gottesvorstellung Gottes heilschaffendes Wirken zwar entdeckbar wäre, jedoch nur äußerst marginal vertreten sei.[258] Dennoch stehe sein Glaube und Lebensvollzug in einer Beziehung – und Relationalität - zu den absoluten Basis-Inhalten des christlichen Glaubens. Rahner plädiert im Weiteren dafür, dass die existentielle Hierarchie der Wahrheiten besser erforscht werden soll, da die Menschen in einem Wechsel in den Plausibilitäten heraus leben und sich so Zugang zum Glauben verschaffen. Seine feste Überzeugung hält er folglich fest:

„Es ist durchaus legitim, weil gar nicht vermeidbar, dass die einzelnen Glaubenswahrheiten nicht überall bei den eben unterschiedenen Glaubenssubjekten (unterschieden nach Zeit, gesellschaftlicher Gruppe, Individualität des einzelnen, usw.) in derselben Weise im Glaubensbewusstsein gegeben sind, in dessen Vordergrund rücken oder darin zurücktreten."[259] Die unterschiedlichen sprachlichen, kulturellen, soziologischen und persönlich bedingten Gegebenheiten lassen eine Unterschiedlichkeit in den Glaubensauffassungen zu. Rahner geht sogar noch einen Schritt weiter und stellt in seinem Aufsatz zum Christentum und den nichtchristlichen Religionen im Sinne des Zweiten Vaticanums fest, dass nichtchristliche Religionen nicht nur Elemente natürlicher Gotteserkenntnis, sondern in einer gewissen Gestuftheit auch übernatürliche Momente der Gnade Christi bergen – wenn auch vermischt mit Irrtum und Depravation.[260] Der Glaubensinhalt steht dabei immer in einer Relativität zum Glaubens – und Lebensvollzug der Person.

---

[258] Vgl. Rahner, Karl, Hierarchie der Wahrheiten, 166.
[259] Ebda., 166-167.
[260] Vgl. Rahner, Karl, Das Christentum und nichtchristlichen Religionen, in: Kuschel, Karl-Josef (Hg.), Christentum und nichtchristliche Religionen, 65-85, 71.

5. Kritik und Würdigung

Die Konzeption des Anonymen Christentums hat vermutlich genauso viele Anhänger wie Kritiker gefunden. Der leidenschaftlichste Gegner Rahners ist wohl Hans Urs von Balthasar, der mit seinem Werk „Cordula oder der Ernstfall“ die Theorie des Anonymen Christentums in ein hartes Gefecht nahm. Trotz seiner kritischen Bemerkungen in Bezug auf das Theologumenon leugnet er aber nicht, dass ein impliziter Glaube und eine entsprechende übernatürliche Liebe außerhalb des Christentums – auch bei theoretischen Atheisten – möglich sei.

Diesen impliziten Glauben setzt er in eine Beziehung zum Christusglauben, indem er sagt, dass „der Gegenstand des Glaubens [...] kein anderer als die Erscheinung der je-größeren Liebe Gottes für alle [...] am Kreuz“[261] sei. Was er aber kritisierte, ist, dass die Theorie des anonymen Christen das Wort Gottes zu einem menschlichen Wort reduziere und den objektiven Charakter der übernatürlichen Offenbarung mindere.[262] So werde insgeheim die Spannung zwischen Notwendigkeit der Kirche und Universalität des Heils zugunsten Letzteren aufgelöst und dadurch das spezifisch Christliche relativiert und nivelliert.[263]

Dies bringt er am Beispiel des Martyriums, das sehr eng mit der christlichen Botschaft verbunden ist – zwar nicht notwendigerweise, aber die Bereitschaft, für die Botschaft des Evangeliums zu leiden, ergeht für ihn aus biblischer Sicht an alle Christen, da christlicher Glaube „mit jeder erdenklicher Dringlichkeit“ [264] Vorwegnahme der Lebenshingabe an Christus sei. In den Überlegungen des anonymen Christentums sei dies ein zu transzendentalisiertes Geschehen, das zu schnell beliebig wird und sich dann nicht mehr nach der glaubenden Existenz als der Antizipation der Lebenshingabe Jesu ausrichte: „Karl Rahner befreit uns von einem Albdruck durch seine Theorie vom anonymen Christen, der jedenfalls vom Kriterium des Martyriums dispensiert ist und trotzdem in der Verborgenheit auf die Bezeichnung Christ vollen Anspruch hat“[265].

---

[261] Balthasar, Hans Urs von, Cordula oder der Ernstfall, 61.
[262] Vgl. Carr, Anne, in: Musser, Donald W. / Price, Joseph L. (Hg.), A New Handbook of Christian Theologians, 384.
[263] Vgl. Schwerdtfeger, Nikolaus, Gnade und Welt, 12.
[264] Balthasar, Hans Urs von, Cordula oder der Ernstfall,19.
[265] Ebd., 85.

Stattdessen gelte nach Rahners Annahme unter der Voraussetzung der übernatürlichen Anwesenheit der Gnade, „dass alle echte Nächstenliebe formell und ‚unthematisch' Gottesliebe ist, mehr noch: weil ja Gott nur ungegenständlich, transzendental, als ‚Grenzerfahrung' im entscheidenden Verwiesensein auf das menschliche Du aufleuchtet, ist ‚die kategorial-explizite *Nächstenliebe der primäre Akt der Gottesliebe*."[266] Seine Kritik äußert er dahingehend, dass der thematisch religiöse Akt als solcher sekundär gegenüber dem Akt der Nächstenliebe bleibe. Dass sich Rahner sehr wohl der Forderung nach der Bereitschaft des Martyriums nicht entzieht, macht Schwerdtfeger deutlich, wenn er Rahners Aussagen bedenkt, nämlich, „dass das Martyrium *die Vollkommenheit ist* und das Ideal, dem man zustreben muss"[267] oder dass „das ganze christliche Leben [...] gleichsam auf das Martyrium ausgerichtet"[268] sei.

Mit Clemens von Alexandrien verweist Schwerdtfeger darauf, dass wir *in allem* Märtyrer sein sollen, weil jene Haltung der Liebe als Bezeugung Gottes den Menschen zum Märtyrer mache.[269]

Insofern kann Rahner auf andere Formen des Märtyrertums verweisen, die unthematisch Anteil am Leiden Christi haben, und zwar in der Form der liebenden Annahme einer unmenschlichen und unverdienten Situation. Darin sieht Balthasar jedoch keinen Märtyrer Christi.[270]

Van der Heijden analysiert die allgemeine Kritik gegen Rahners Theorie dahingehend, dass sie zwar nicht dem Gnadenangebot und dessen bewusster Annahme Abstrich machen wolle, sondern „gegen eine Entleerung der amtlichen Heilsgeschichte und Offenbarung, besonders gegen Herabsetzung Christi und der Kirche, die man in Rahners Ausführungen zu finden meint"[271], aufsteht und plädiert. Zudem ist einer seiner zentralen Kritikpunkte eine unsachgemäße und fehlende Differenzierung zwischen der Seins- und der *Selbst*-Mitteilung Gottes.

Während die Seinsmitteilung nicht unbedingt personal sein muss, dürfe bei einer Selbstmitteilung die Prägung der *relationes propriae* nicht fehlen.[272]

---

[266] Ebd., 87.
[267] Schwerdtfeger, Nikolaus, Gnade und Welt, 81.
[268] Viller, Marcel / Rahner, Karl, Aszese und Mystik in der Väterzeit, 39.
[269] Vgl. Schwerdtfeger, Nikolaus, Gnade und Welt, 82.
[270] Vgl. Balthasar, Hans Urs von, Cordula oder der Ernstfall, 100.
[271] Heijden, Bert van der, Karl Rahner, 251.
[272] Vgl. Schwerdtfeger, Nikolaus, Gnade und Welt, 135.

Wie das Verhältnis von Sein und Person ist, inwiefern die ungeschaffene Gnade immer schon christologisch geprägt ist, bleibt eine Frage, die nur in einem chalzedonensischen Verhältnis aufgelöst werden kann – und insofern sind diese beiden Größen nicht trennbar.

Schließlich ist die Unmittelbarkeit der Gnade Gottes immer nur in christologischer Vermittlung möglich, „denn als endliche Menschen sind wir der Selbstmitteilung des unendlichen Gottes nur fähig ‚vermittels der Einen, unvermittelten Personeinheit von göttlicher und menschlicher Natur in Jesus Christus'"[273].

Die Kritik von Metz, einem ehemaligen Schüler, nahm sich Rahner sehr zu Herzen: Er bemängelte, dass seine theologische Anthropologie zu individuell sei, weil sie sich zu sehr um den Menschen als Spezies in einer gewissen Abstraktion bemühe und den politischen Raum der Anthropologie unterschätze. Die Spitze des Vorwurfs lag darin, dass Rahner die geschichtliche Identität des Christentums rein gedanklich-idealistisch zu erläutern versucht, ohne wirklich Rücksicht auf die konstitutive Funktion der Praxis des Christentums in seiner gesellschaftlichen und politischen Rolle zu nehmen.[274] Die geschichtliche Identität des Glaubens werde zudem zu sehr an einer allgemeinen anthropologischen Grundstruktur festgemacht, durch die der Mensch *nolens volens* immer schon auf Gott hin ausgerichtet ist.[275]

Die Bewegung geht dabei von unten aus, indem die Kategorialität transzendiert und verallgemeinert wird. Metz kritisiert, dass die historische Identität des Christentums durch die spekulative Universalisierung und den fehlenden Praxisbezug gefährdet werde. Als Metapher bringt er das Märchen vom Wettlauf des Hasen mit dem Igel, der sich mit seiner Frau als Doppelgängerin als der scheinbare Sieger erweist.

In der Transzendentaltheologie und dem Antwortversuch des Anonymen Christentums sieht er den wackeligen Versuch einer „idealistischen Sicherung gefährdeter Identität des Christentums, die absieht von der identitätsrettenden Kraft der Praxis"[276] - in der Metapher gesprochen - des Laufens und der Bedrohung eines

[273] Schwerdtfeger, Nikolaus, Gnade und Welt, 136, mit Verweis auf Heinrichs, J., Ideologie oder Freiheitslehre? Zur Rezipierbarkeit der thomanischen Gnadenlehre von einem transzendentaldialogischen Standpunkt, in: ThPh 49 (1974), 395-436, 421.

[274] Vgl. Metz, Johann Baptist, Glaube in Geschichte und Gesellschaft, 143.

[275] Vgl. ebd., 142.

[276] Ebd., 143.

möglichen Untergangs, der den Sieg ohne Erfahrung verbürgen könnte. Das „Laufen" sei nicht transzendental zu kompensieren.[277]
Deshalb plädiert Metz im abschließenden Teil seiner kritischen Betrachtung für die intelligible Kraft der Praxis der Nachfolge: „Diese Intelligibilität des Christentums ist aber theologisch nicht rein spekulativ zu transportieren, sondern – narrativ: narrativ-praktisches Christentum"[278].

5.1. Der transzendentale Ansatz

Den Ausgangspunkt der theologischen Anthropologie Rahners stellt ohne Frage die Annahme des übernatürlichen Existentials dar. Dass dieses Theologumenon nicht wirklich deduziert wird, sondern vielmehr als gegeben vorausgesetzt wird, wurde von mehreren Seiten kritisiert. Interessant ist zudem, dass die Schüler Rahners das Denkkonstrukt des übernatürlichen Transzendentals nicht in der Form übernommen haben. Möglicherweise liegt eine Begründung darin, dass es zu abstrakt scheint und zu wenig Interaktion mit anderen theologischen Erklärungen möglich war.

Thomas Fößel hat sich eingehend im Zuge seiner Beschäftigung mit der Fundamentaltheologie Verweyens mit der Kritik am „übernatürlichen Existential" auseinandergesetzt.[279] Verweyens Bedenken äußert er an mehreren Punkten: Zum einen sieht er die Gefahr, dass die Natur durch die Gnade „überlagert" werde und Rahners Konzeption den Eindruck erwecken könnte, dass die Autonomie der Vernunft verunmöglicht werde.[280] Dies verleugnen auch rahner'sche Aussagen nicht, beispielsweise, wenn er selbst schreibt, dass in jeder Philosophie unthematisch und unvermeidlich Theologie getrieben wird, denn „diese Schwierigkeiten liegen eben in der Natur der Sache: der Mensch kann somit sich nur im Raum des übernatürlichen Liebeswillens Gottes experimentieren, er kann die gesuchte Natur niemals getrennt von ihrem übernatürlichen Existential ‚chemisch rein darstellen'".[281]

---

[277] Vgl. ebd., 144.
[278] Ebd., 147.
[279] Vgl. dazu Fößel, Thomas, Gott Begriff und Geheimnis, 775ff.
[280] Vgl. Fößel, Thomas, Gott – Begriff und Geheimnis,617f.
[281] Rahner, Karl, Ein Weg zur Bestimmung des Verhältnisses von Natur und Gnade, in: Orientierung 12/13 (1950), 138-145, 138.

Nach Rahner impliziert das übernatürliche Existential „die Unmöglichkeit einer methodisch autonomen Philosophie, weil die menschliche Vernunft [...] sich faktisch universal ‚immer schon' als ein mixtum compositum [...] vorfindet"[282].

Zum anderen diene laut der Kritiker das übernatürliche Existential bloß dazu, dass man die kirchliche Lehre der *natura pura* nicht aufgeben möchte und dass die Gnade ausgeweitet wird auf die transzendentale Voraussetzung des Hörenkönnens der Offenbarung[283] – insofern werdr eine objektivierte Subjekthaftigkeit produziert. Dies trage nicht wirklich zu einer Klärung des Verhältnisses von Natur und Gnade bei.[284] Daran anschließend merkt Balthasar an, dass die subjektiven Bedingungen die objektiven Evidenzen des Gegenstands nicht einfach bedingen und ersetzten können. In diesem Zusammenhang kritisiert er auch die Verwendung der Transzendentalphilosophie für die Gotteserklärung, der Rahner die Begriffe des Ungegenständlichen und des Kategorialen entlehnt.
Indem die Unsichtbarkeit und transzendentale Wirklichkeit Gottes in der Welt hervorgehoben wird, scheint für Hans Urs von Balthasar der konkrete Gottesbezug in seiner Gegenständlichkeit vernachlässigt zu werden: „Gott ist nicht die Welt"[285].
Zum anderen befürchtet er, dass die historischen Offenbarungstatsachen lediglich zeichen- oder symbolhaft verstanden werden würden und somit die anschauliche Gestalt dahinter verfehlt werde.[286] Er bemängelt, dass Karl Rahner uns einer *Theologia Crucis* schuldig bliebe und dass durch den Begriff des Anonymen Christentums die Kreuzestheologie proportional abgewertet würde.[287]
Auch Shim befürchtet in seinen Ausführungen um die Beseitigung des „Urskandalon"[288] und den Verlust der unterscheidend Christlichen Identität.
Im gleichen Atemzug der Vernachlässigung des Kreuzes würde auch die Ernsthaftigkeit der Sünde vernachlässigt.[289]

---

282 Verweyen, Hansjürgen, Wie wird ein Existential übernatürlich? in: TThZ 95 (1986), 115-131, 129.
283 Vgl. Fößel, Thomas, Gott – Begriff und Geheimnis, 624.
284 Vgl. Verweyen, Hansjürgen, Wie wird ein Existential übernatürlich? in: TThZ 95 (1986), 115-131, 121.
285 Balthasar, Hans Urs von, Cordula oder der Ernstfall, 68.
286 Vgl. Wedler, Ester-Maria, Splendor caritatis. Ein ökumenisches Gespräch mit Hans Urs von Balthasar zur Theologie der Moderne, 89.
287 Vgl. Balthasar, Hans Urs von, Cordula oder der Ernstfall, 91.
288 Shim, Johannes Sang-Tai, Glaube und Heil, 233.
289 Vgl. Balthasar, Hans Urs von, Cordula oder der Ernstfall, 96.

Als Balthasar später auf diese Kritik an Rahner angesprochen wurde, meinte er beschwichtigend, dass er Rahners Kreuzestheologie nicht so sehr im Hinblick auf das anonyme Christentum nicht völlig befriedigend [!] finde, sondern vielmehr hinsichtlich der transzendentalen Christologie, in der der Tod Jesu als stellvertretender Sühnetod zu wenig Beachtung finde.[290] Löhrer verteidigt Rahner mit dem Hinweis auf die ignatianische Kreuzesmystik:

„Die Erfahrung der am Kreuz in ihrer Unbegreiflichkeit sich offenbarenden Gnade ist die Urerfahrung, die Rahner mit seiner theologischen Begrifflichkeit für andere übersetzen will, um sie an dieser Erfahrung teilhaben zu lassen."[291]

Im Hinblick auf Schuld und Erlösung sei das Kreuz in der Transzendentaltheologie nicht vernachlässigbar.

Verweyen sieht einige andere Gefahren als Konsequenz des rahnerschen Gnadenbegriffs, der aus dem übernatürlichen Existential zu ziehen ist:

Wenn auch nicht explizit, so wäre prinzipiell die Frage nach dem universalen Heil nicht mehr an Jesus Christus gebunden, da dieses immer schon im Menschen bereit liege und sich jederzeit historisch konkretisieren könnte.[292]

Somit wäre ein Harren auf das einmalige geschichtliche Ereignis in Jesus Christus niemals gegeben gewesen und auch die nachträgliche Verkündigung würde zweitrangig werden. [293] Aufgrund der philosophischen Grundlagen wird „das kategoriale Kreuzereignis, die Kirche und die christliche Botschaft als der geschichtliche Verheißungshorizont *ontologisiert* [...]; es avanciert entsprechend zu einer universalen ‚anthropologischen Grundkonstanten'"[294].

Diese „Ontologisierung" [295] entlarvt auch Balthasar unter der Begrifflichkeit der „'übernatürlichen Erhöhung' (...) ohne ausdrückliche Erwähnung der Christologie"[296]. Natürlich gibt es bei Rahner auch Denkansätze, die nicht direkt mit dem transzendentalen Ansatz zu tun haben.

Als Beispiel führt Schöndorf die „Theologie des Symbols" und Rahners allgemeine Ontologie an, allen voran die These der Selbstüberbietung des Menschen. [297]

---

[290] Vgl. Geist und Feuer. Ein Gespräch mit Hans Urs von Balthasar, in: HerKorr 30 (1976), 72-82, 76.
[291] Löhrer, M., Geleitwort zu A. Grün, Erlösung durch das Kreuz, V-VI.
[292] Vgl. Fößel, Thomas, Gott – Begriff und Geheimnis, 624.
[293] Vgl. ebd., 626.
[294] Ebd., 628.
[295] Das Stichwort stammt von Hansjürgen Verweyen.
[296] Vgl. Fußnote in Fößel, Thomas, Gott – Begriff und Geheimnis, 629.
[297] Vgl. Schöndorf, Harald, Die Bedeutung der Philosophie bei Karl Rahner (QD 213), 13-29, 22.

Dennoch scheinen die ontologischen Voraussetzungen bei Rahner eine maßgebliche Rolle zu spielen.

So stellt sich für Verweyen die Frage, ob für das Geschichtliche noch genügend Raum bleibe und wie Rahner eine Evidenz zwischen Offenbarungsereignis und vernünftiger Glaubensverantwortung herstellt. Für ihn bleibt außerdem unbeantwortet, wie ein geschichtliches Faktum überhaupt eine Offenbarung des Absoluten sein kann und wie sie als Offenbarung im aposteriorischen Geschichtlichen erkannt werden kann[298]: „Das allgemeine logische Problem besteht in der Unmöglichkeit eines kontinuierlichen Übergangs von einem prinzipiell relativen Wissen zu einer absolut letztgültigen Evidenz."[299]

Rahner gelinge es letztendlich nicht, zu begründen, warum „sich die Kategorialität der Selbstzusage Gottes an die Welt als unwiderruflich endgültig zeigt"[300], er erkläre außerdem nicht genügend, warum Gott im Kategorialen als er selbst erscheinen kann[301] und wie diese Erscheinung Gottes - mit den Worten Rahners im „absoluten Heilsbringer" – erkennbar wird. Dessen ist Rahner sich auch scheinbar bewusst, wenn er im Grundkurs des Glaubens bemerkt, dass der Mensch „ohne eine solche Inkongruenz zwischen der relativen Sicherheit seiner geschichtlichen Erkenntnis einerseits und der Absolutheit seines Engagements andererseits gelassen als unvermeidbar anzunehmen und mit seiner Existenz durchzutragen"[302] genötigt sei. Auf die Anführung einer objektiven Evidenz des unüberbietbaren Heilsereignisses wird letztendlich – zugunsten einer subjektiven - verzichtet. Rahner will zudem auch das geschichtliche Heilsereignis, das sich am Menschen realisiert,[303] nicht aus seiner apriorischen menschlichen Verfasstheit ableiten, sondern stellt es als hinzunehmendes Faktum hin.[304] Verweyen bemerkt außerdem durch die „Überfrachtung der menschlichen Transzendentalität" auch die Gefahr, dass die die Notwendigkeit von Offenbarung und Erlösung unterbestimmt sei.[305]

---

[298] Vgl. Fößel, Thomas, Gott – Begriff und Geheimnis, 631.
[299] Verweyen, Hansjürgen, Christologische Brennpunkte, 27-28.
[300] Verweyen, Hansjürgen, Christologische Brennpunkte, 32.
[301] Vgl. Fößel, Thomas, Gott – Begriff und Geheimnis, 639.
[302] Rahner, Karl, Grundkurs des Glaubens, 225.
[303] Wie sich der faktisch übernatürlich geprägte Mensch an das konkrete Christusereignis knüpfen lässt, untersuchte Nikolaus Schwerdtfeger eingehend zu beantworten, vgl. ders., Gnade und Welt, Freiburg i. Br. 1982.
[304] Rahner, Karl, MySal II, Grundsätzliche Überlegungen zur Anthropologie und Protologie im Rahmen der Theologie (1967), 406-420, 409.
[305] Vgl. Fößel, Thomas, Gott – Begriff und Geheimnis, 776-777.

Dieser Vorwurf möge dadurch zu entkräftigen sein, dass die Gotteserfahrung unlösbar und ausdrücklich in der geschichtlichen Selbstentäußerung in Jesus Christus gründet und die transzendental-anthropologische Theologie Rahners das Christus-Ereignis unbedingt voraussetzt.[306]

5.2. Der Vorwurf der Bevormundung und die Problematik der Bestimmbarkeit von impliziten und expliziten Christentum

Eine weitere Kritik, die oft vorgebracht wird, ist jene, dass Zugehörige anderer Religions- oder Weltanschauungen scheinbar „bevormundet" werden und man ihnen „das Christentum in die Schuhe schiebe". Auf diese „Anmaßung" könne man als Christ jedoch nicht verzichten.[307] Denn bei genauerem Hinsehen ist der Einwand nicht wirklich daseinsberechtigt, da - im Kontext christlicher Innenperspektive heraus - viele Aussagen über den Menschen an sich gemacht werden, die ein Atheist in der Weise nicht anerkennen würde (beispielsweise das schöpfungstheologische Axiom). So müssen unumgänglich aus christlicher Sicht Beobachtungen und Erkenntnisse auch in Bezug auf Nichtchristen getätigt werden, wenn man von der Universalität des Heilsanspruchs ausgeht. Zweitens ist „zunächst festzustellen, dass diese Theorie nicht einfach allen Menschen ein einschlussweises Verlangen nach der Kirche unterstellt und sie zu Gerechtfertigten erklärt"[308], sondern dass zunächst der Mensch realontologisch bestimmt wird, jedoch erst durch den subjektiven Akt gerechtfertigt wird, der in erst zum „Anonymen Christen" macht.

Zudem gibt Karl Neumann zu bedenken, dass durch das Axiom des Anonymen Christentums nicht nur „christliche Heiden" geschaffen werden, sondern auch „heidnische Christen",[309] also jene, die äußerlich am Bekenntnis festhalten, denen es jedoch am existentiellen Vollzug fehlt. Insofern liegt immer ein Unsicherheitsfaktor in der Bestimmung dessen, wer wahrhaft „Christ" ist, gegenüber einer anmaßenden Haltung eines selbstgerechtfertigten Christentums. Gott bleibt der immer Größere und Erhabenere über alle menschlichen Kategorisierungen.

---

[306] Vgl. Schwerdtfeger, Nikolaus, Gnade und Welt, 55-56.
[307] Vgl. Rahner, Karl, Das Christentum und nichtchristlichen Religionen, in: Kuschel, Karl-Josef (Hg.), Christentum und nichtchristliche Religionen, 65-85, 85.
[308] Schwerdtfeger, Nikolaus, Gnade und Welt, 29.
[309] Neumann, Karl, Der Praxisbezug bei Karl Rahner, 223.

Balthasars Sorge ist dabei jedoch noch eine andere, nämlich, dass der Eindruck entstehen könnte, „als ob die objektiven außerchristlichen Religionssysteme als solche zu Heilswegen deklariert werden könnten".[310] Auch Henri de Lubac beteuert, dass die Meinung, dass alle Religionen als „Heilsmittel" dienen, eine Verkennung des der christlichen Botschaft nach sich zieht.[311]

Das Anonyme Christentum will jedoch keine relativistische Entschärfung der christlichen Botschaft sein, sondern sagt eigentlich nur das aus, was das II. Vatikanische Konzil in LG 8 formuliert: „Das schließt nicht aus, dass außerhalb ihres Gefüges vielfältige Elemente der Heiligung und der Wahrheit zu finden sind, die als der Kirche Christi eigene Gaben auf die katholische Einheit hindrängen"[312].

Wer Wahrheit erkennt, ist ihr verpflichtet. Wer nach besten Wissen und Gewissen handelt, handelt richtig nach dem ihm sich zeigenden Maßstäben – die aus der Außenperspektive heraus auch „christlich" bezeichnet werden können.

Dabei betont Rahner sehr klar, dass es nicht ausreicht, bloß nicht gegen sein sittliches Gewissen zu verstoßen, um schon gerechtfertigt zu sein, sondern dass es ein *fides supernaturalis* notwendig sei.[313]

Wie sich diese konkret äußert, darauf findet Rahner keine offizielle lehramtliche Äußerung, sondern verweist auf AG 7, wo es heißt, dass Gott Menschen, die das Evangelium ohne ihre Schuld nicht kennen, auf Wegen, die er weiß, zum Glauben führe, ohne den es unmöglich sei, Gott zu gefallen.[314]

Grundsätzlich wird in den kritischen Entgegnungen zu Rahners Theorie nicht so sehr die Universalität des Heilsanspruchs angezweifelt, jedoch rufe die Begrifflichkeit des „Anonymen Christentums" insofern einen Anstoß hervor, da sie das explizite Bekenntnis zu Christus zu relativieren scheint. Dessen ist sich auch Rahner bewusst und wäre bereit, den Begriff um eines besseren willen aufzugeben, wenn er nicht so alternativlos wäre.[315] „Denn mit Christentum im vollen Sinn des Wortes ist auch ein reflexes Glaubensbewusstsein, explizit christliches Bekenntnis und kirchliche

[310] Balthasar, Hans Urs von, Romano Guardini, 104.
[311] Vgl. Lubac, Henri de, Geheimnis aus dem wir leben, 151-152.
[312] Lumen Gentium, Nr. 8.
[313] Vgl. Rahner, Karl, Bemerkungen zum Problem des „Anonymen Christen", in: Schriften zur Theologie, Bd. X, 531-546, 536.
[314] Ad Gentes Nr. 7.
[315] Vorschlägen wie „Menschen guten Willens" (Liégé) oder die „Unbekannten Gottes" (Congar) fehlt der Bezug zur Christologie, siehe Van der Heijden, Bert, Karl Rahner, 255-258.

Gesellschaftlichkeit mitgesetzt, und eben dies wird durch das Wort ‚anonym' wieder aufgehoben. Diese Bedenklichkeit ist offen zuzugeben."[316]

Dennoch verweist Rahner auch darauf, dass der Begriff des „Anonymen Christentums" zwei Dinge besonders hervorheben möchte:

Das Christentum verstanden als „Summe der realen Christen" und der Ausdruck „anonym" als wesenswidriger Zustand, „der nicht sein sollte, weil das ansatzhaft gegebene Wesen des betreffenden Seienden auf eine Überwindung der Namenslosigkeit hin angelegt ist"[317].

„Anonymes Christentum" will also gar nicht genau dasselbe aussagen und meinen wie „explizites, kirchliches Christentum"[318]. Rahner betont, dass die Gnade, die gepredigt wird, als Bedingung und Inhalt der Predigt vorausgeht und selber fordert, dass sie verkündigt werde. Insofern „ist aber schon gesagt, [...], dass das anonyme Christentum das explizite Christentum nicht überflüssig macht, sondern selber fordert, dass ein anonymes Christentum nicht mehr vorhanden"[319] sei, indem sich der Hörer der Botschaft explizit dazu verhalten könne.

Für ihn ist klar, dass die komplexe Wirklichkeit eines Menschen nicht mit einem solchen Wort erfasst werden kann. Dennoch will er das Anliegen dahinter hervorheben, dass die Gnade Christi auch außerhalb des expliziten Bekenntnisses zu finden sei. Die Begrifflichkeit ist dabei letztlich zweitrangig.[320]

Nimmt man die Theorie des Anonymen Christentums im Sinne Karl Rahners an, dann taucht eine weitere Frage auf, die erkenntnistheoretisch geprägt ist, nämlich: Wie lässt sich nun eine Unterscheidung und Abgrenzung zwischen expliziten und impliziten Bekenntnis feststellen? Reicht es, das Glaubensbekenntnis auszusprechen und getauft zu sein, um als expliziter Christ zu gelten? Wird dies bejaht, dann scheint dies ja noch leicht bestimmbar. Dennoch möchte ich darauf auch hier auf den existentiellen Vollzug verweisen, der mit dem Lippenbekenntnis eng verschränkt sein muss.

---

[316] Rahner, Karl, Schriften zur Theologie, Bd. IX, 500.

[317] Rahner, Karl, Schriften zur Theologie, Bd. IX, 500-501.

[318] Balthasar kritisiert die Verwendung des Wortes „Christentum", da es seiner Meinung nach eine letzte Univozität zwischen Christen mit dem Namen und Christen ohne dem Namen geben muss und insofern es nicht unerheblich ist, ob man den Namen bekenne oder nicht, vgl. Balthasar, Hans Urs von, Cordula oder der Ernstfall, 103.

[319] Rahner, Karl, Anonymes Christentum und Missionsauftrag der Kirche, in: Schriften zur Theologie, Bd. IX, 512.

[320] Vgl. ebd., 502.

Eine thematische Bejahung kann nicht mit einer unthematischen Verneinung einhergehen, sondern fordert eine konkrete Umsetzung im menschlichen Freiheitsakt. Dasselbe gilt auch umgekehrt: jemand kann sich als Atheist bezeichnen und dennoch existentiell das vollziehen, was er zu verneinen glaubt. Was ist aber nun mit diesem impliziten Bekenntnis? Kann es da Rahmenbedingungen oder Anhaltspunkte geben, an denen sich das anonyme Bekenntnis bestimmen lässt?

Führen wir uns noch einmal Rahners Definition vor Augen: „Implizites Christentum – man könne es auch „anonymes Christentum" nennen – heißt der Zustand jenes Menschen, der einerseits im Stande der Rechtfertigung und Gnade lebt und andererseits mit der ausdrücklichen Predigt des Evangeliums noch nicht in Berührung gekommen ist, also auch nicht in der Lage ist, sich selber ‚Christ' zu nennen."[321] In unseren Breitengraden und durch die globalisierten Informationsfluten unserer Zeit gibt es kaum Menschen, die die Inhalte des Christentums nicht kennen würden[322]. Dennoch bezeichnen sich viele von ihnen nicht als „Christen", weder explizit noch implizit.

Rahner kennt das Problem, dass sich durch die Theorie eines implizit christlichen Bekenntnisses viele in der Weise bevormundet fühlen könnten, die auf jede religiöse Deutung eines transzendental Erlebten verzichten wollen.

Dennoch will er sie nicht vom Heil ausgeschlossen wissen und greift zu dieser doppelten Zumutung der gewählten Begrifflichkeit: nämlich jene an (nicht explizit christliche) Gesprächspartner, sie trotzdem mit dem Christusereignis und einer gnadenhaften Heilsbotschaft in Beziehung zu setzen und der Zumutung nach innen an die Kirche, sich waghalsig über den festgelegten Rahmen des Bekenntnisses hinauszulehnen und eine universale Heilsmöglichkeit anzunehmen.[323]

Dass dabei die Grenzen fließend und auf beiden Seiten nicht immer eindeutig bestimmbar sind, muss dabei in Kauf genommen werden – in Anbetracht dessen, wie es das Konzil formuliert: dass Gott auf Wegen rettet, die nur er kennt.

---

[321] Rahner, Karl, Atheismus und implizites Christentum, in: Rahner, Karl, Sämtliche Werke, Bd. 21/2, 885-903, 885.

[322] Fragwürdig bleibt, was die Kenntnis der christlichen Glaubensbotschaft genau bedeute und wo die Schuldhaftigkeit der Nicht-Annahme ansetzt, vgl. dazu Fußnote in Hoff, Gregor Maria, Anonyme Christen, in: SaThS 40 (2010), 347-364, 352.

[323] Vgl. ebd., 351f.

5.3. Der Verdacht des Relativismus

Die Überlegungen Rahners, „dass die ganze Geschichte der Menschheit nicht anderes ist als die kategoriale geschichtliche Vermittlung der übernatürlich erhobenen Geistigkeit des Menschen zu sich selbst"[324] ist und dort, wo diese Geschichte zu einer ausdrücklichen Reflexion der übernatürlichen Dynamik komme, sei sie Offenbarungs- und Glaubensgeschichte,[325] hat bei vielen den Verdacht des Relativismus ausgelöst. Die Notwendigkeit einer nicht bloß apriorischen Bewusstheit, sondern einer kategorialen Gegenständlichkeit konnte für die Kritiker durch die allgemeine Finalisierung des Menschen nicht genügend Gewicht zu tragen.

Die Gefahr, dass man sich nicht mehr ausdrücklich für Gott entscheiden müsste, schien gegeben und wurde gerade von Hans Urs von Balthasar und de Lubac[326] heftig kritisiert. Eine relativistische Einstellung gegenüber dem Absolutheitsanspruch des Christentums kann Rahner aber nicht angehängt werden, da er an der Übergeordnetheit des christlichen Bekenntnisses ausdrücklich festhält und dies allen Überlegungen grundlegt.[327]

Hans Scheurich kritisiert aber die Auflösung der Personalität innerhalb des Beziehungsgeschehens: „Ebenso wie das Gott-Mensch-Verhältnis wird bei Rahner auch das Christus-Mensch-Verhältnis radikal apersonal gefasst.

Im Geflecht transzendental-philosophischer Kategorien wird die Glauben gewährende und schenkende Person Christi zu einem Prinzip menschlichen Selbstvollzugs."[328] Die Konsequenz sei, dass der Mensch nicht von einer personalen Begegnung mit Jesus Christus getragen werde, sondern nur durch eine transzendental-ontologische Überformung eines Aktes gekennzeichnet sei und insofern keine Neuwerdung und Änderung der menschlichen Person in ihrer Totalität passiere.[329]

---

[324] Rahner, Karl, Bemerkungen zum Problem des „Anonymen Christen", in: Schriften zur Theologie, Bd. X, 531-546, 541.
[325] Vgl. ebd.
[326] Vgl. Lubac, Henri de, Kein „anonymes Christentum", in: Geheimnis aus dem wir leben, 149-154. Die Argumentation erscheint hier meines Erachtens allerdings nicht sehr fundiert.
[327] Vgl. Kuschel, Karl-Josef, Das Christentum und nichtchristliche Religionen, in: ders. (Hg.), Christentum und nichtchristliche Religionen, 65-85, 68.
[328] Scheurich, Hans, Karl Rahners These vom anonymen Christentum, 221.
[329] Vgl. ebd., 216.

Zudem wurde der Verdacht geschürt, dass eine Verwirklichung ethischer Werte und ein Suchen nach Gott im Sinne eines der Menschlichkeit immanenten Modus' genüge, um gerechtfertigt zu sein. Van der Heijden entlarvt dies als Missverständnis von Rahners Anliegen und hebt die Rolle der Kategorialität hervor, [330] die in richtiger Weise verstanden werden will und im Sinne der Rechtfertigung immer christusbezogen sein *muss.* Eine weitere Gefahr ist dabei aber die Überbetonung des christologischen Aspekts in der Weise, dass Christus in allem gesehen und seine spezifisch geschichtliche Verankerung vernachlässigt werden würde. Dieser Vorwurf geht mit dem der Ontologisierung einher. Ein Mittelweg und eine recht verstandene Rahner-Interpretation sind hier vonnöten.

Rahners Antwort auf diese beiden Problemstellungen war, dass er der Anonymität zwei Qualitäten verlieh: zum einen jene des Strebens nach der Explikation und zum anderen das Moment des Unbekannten und Unverfügbaren, das letztlich nicht immer völlig eindeutig bestimmbar ist, sondern unsere Kategorien übersteigt. Dies äußert sich bereits in der Negativität des chalzedonensischen Bekenntnisses.[331]

Die Frage, die sich angesichts dieses Statements stellen mag, ist nominalistisch geprägt, nämlich, ob wir überhaupt etwas von Gott und unseren Glauben an ihn aussagen können. Und wenn ja, glauben wir nicht ganz individuell und unterschiedlich – mit Rahners Worten „existentiell" – schlussendlich auch bezüglich der Inhaltsgewichtung?

Man hätte dann – laut der Kritik Balthasars - das Recht, selbst unter der Verwendung derselben Begrifflichkeit sich noch immer etwas ganz anderes vorzustellen. [332] Rahner war aber kein Anhänger eines Pluralismus, der zu einer Unvermittelbarkeit zwischen einer gemeinsamen Dogmatik und Theologie bedeuten und zu einer Fülle unüberschaubarer theologischer Sprachen, deren Adäquatheit niemand mehr beurteilen könne, führen würde. [333] Ist aber nicht das, was Rahner mit der Verwendung des Begriffs der „Hierarchie der Wahrheit" meint, im Grunde ein Relativismus, der vertreten wird?

[330] Vgl. Van der Heijden, Bert, Karl Rahner, 259ff.
[331] Vgl. Hoff, Gregor Maria, Anonyme Christen, in: SaThS 40 (2010), 347-364, 359.
[332] Vgl. Balthasar, Hans Urs von, Cordula oder der Ernstfall, 131.
[333] Vgl. Carr, Anne, in: Musser, Donald W. / Price, Joseph L. (Hg.), A New Handbook of Christian Theologians, 382.

Hört man auf Wilfred, so stellt sich diese Anfrage in aller Klarheit. Er stellt nämlich fest: „Gerade diese Eigenschaft, dass Gott inmitten seiner Selbsterschließung zugleich der Verborgene bleibt, drängt uns dazu, unsere Begrifflichkeiten zu relativieren".[334] Meint das einen Relativismus im klassischen Sinn? Das, was wir jedenfalls wissen, ist, dass ein uneingeschränkter Relativismus als „Beliebigkeitsdenken" sich nicht mit dem christlichen Verständnis von Wahrheit vereinbaren lässt.[335] Zudem beansprucht das Christentum das Erkannte nicht nur als wahr für sich selbst, sondern als Geltung für alle Menschen.[336] Mit dem Begriff des Relativismus ist jedenfalls Vorsicht geboten. Wenn Ratzinger in seiner Predigt von einer „Diktatur des Relativismus"[337] spricht, so meint er vermutlich nicht das erkenntnistheoretische Verständnis des Begriffes. Relativismus meint in der Erkenntnistheorie „die philosophische Auffassung, nach der alles Wissen relativ ist, unsere Erkenntnis also nur die Beziehungen und Verhältnisse der Dinge, nicht aber die Dinge selbst und ihre Eigenschaften umfasst"[338]. In dieser Definition wird eine Wahrheit grundgelegt, jedoch wird ihre vollständige Erkenntnis geleugnet. Selbst in der Offenbarung bleibt Gott in gewisser Weise dahinter verborgen. Dennoch kann man von stückhafter Wesenserkenntnis ausgehen, die in relativistischer Abhängigkeit und immer in einer Weise vermittelt ist. Wenn man sich also im Wahrheits- und Relativismus-Diskurs befindet, muss eine grundsätzliche Unterscheidung getroffen werden: und zwar jene nach der Existenz von objektiver Wahrheit und jene nach der Möglichkeit (oder auch Unmöglichkeit) der Erkenntnis dieser. Erstere ist eine ontologische Fragestellung, zweite eine erkenntnistheoretische. Der erkenntnistheoretische Relativismus vertritt die Position, dass menschliches Erkennen auf vielfältige Weise nur bedingt möglich ist und daher die Unfähigkeit herrührt, die Wahrheit (falls es sie gibt), so zu erkennen, wie sie wirklich ist.[339] Die ontologische Frage dahinter ist, ob Wahrheit überhaupt existiert. Denn so postuliert auch der Relativismus eine Wahrheit, selbst wenn er – so die Unterstellung - ihren Sinn ändert.

[334] Wilfred, Felix, Lob des christlichen Relativismus, 80.
[335] Vgl. Körner, Bernhard, Orte des Glaubens – loci theologici, 236.
[336] Vgl. ebda.
[337] Joseph Kardinal Ratzinger, Predigt in der Heiligen Messe „Pro Eligendo Romano Pontifice", 14.
[338] König, Gert, Art. Relativismus, in: Historisches Wörterbuch der Philosophie 8, 613.
[339] Körner, Bernhard, Orte des Glaubens – loci theologici, 236.

Wenn Karl Rahner den Begriff der „Hierarchie der Wahrheiten“ genauer unter die Lupe nimmt und zerlegt in objektive und existentielle Wahrheit, dann geschieht genau das: er analysiert ein unveränderliches Fundament des christlichen Wahrheitsanspruches, das jedoch in einer dynamischen Wechselwirkung mit dem aktuellen Lebensvollzug des Glaubenden steht.

Insofern kann man sagen, dass der christliche Glaubensanspruch absolut ist im Gehalt, jedoch relativ zur Person. Eine Relativität lässt sich nicht leugnen und ist einleuchtend, insofern wie Begriffe verwenden, die sich auf Dinge beziehen, die niemals mit Worten in völliger Kongruenz beschrieben und bestimmt werden können. Da Rahner aber ein absolutes Glaubensfundament annimmt, das erkenntnistheoretisch erfasst werden kann, jedoch in praxisrelevanter Abhängigkeit steht, ist ihm der klassische Relativismus als Beliebigkeitsdenken nicht vorzuwerfen.

Auch Bernhard Körner ist davon überzeugt: „Es gibt gerade im Glauben eine Relativität – jenseits jedes Relativismus, aber auch jenseits jeder fundamentalistischen Gleichsetzung von menschlicher Formulierung und göttlicher Wahrheit.“[340]

Beides ist also eine Gefahr: Vollkommener Relativismus im Sinne der Beliebigkeit und totaler Absolutismus. Ein guter Mittelweg ist unumgänglich.

Lehmann streicht im Sinne Rahners den Zusammenhang zwischen Objektivität und Subjektivität heraus, indem er sagt, dass die ‚objektivste‘ der Heilswirklichkeit, Gott und seine Gnade, zugleich als das Subjektivste des Menschen erscheint.[341]

Hier wird die Wechselwirkung zwischen objektiven Fundament des Glaubens und existentiellen Vollzug sehr deutlich zum Ausdruck gebracht.

Ratzinger kritisiert jedoch gerade diese Spannung, die zur Deckungsgleichheit gebracht wird - auch wenn er Rahners Ansatz als den wirksamsten und wohl eindringlichsten Versuch würdigt, „das Dilemma zwischen Allgemeinen und Besonderem, zwischen partikulärer Geschichte und universalem Anspruch“[342] denkerisch zu bewältigen. Laut ihm war die Herausforderung, der sich Rahner stellte, verständig zu machen, wie ein partikulärer Geschichtsraum das Heil aller Menschen beanspruchen könne.

---

[340] Körner, Bernhard, Orte des Glaubens – loci theologici, 243.
[341] Vgl. Lehmann, Karl, Art. „Rahner, Karl“, [3]LThK, 807.
[342] Ratzinger, Joseph Kardinal, Theologische Prinzipienlehre,169.

Während Ratzinger der transzendentalen Verwiesenheit noch sehr gut folgen kann, sieht er den Haken darin, dass die Offenbarung von Rahner nicht kategorial-extrinsezistisch aufgefasst wird, sondern allgemein auf die ganze Menschheit bezogen. Insofern gehöre nämlich die Geschichtlichkeit zum Wesen des Menschen und der Anspruch einer *besonderen* Geschichte –nämlich der des jüdisch-christlichen Kulturraumes - kann daraus nicht gefolgert werden.[343]

Um der Gefahr zu entgehen, dass sich die Theologie in einer Geschichtsphilosophie auflöse, reduziere Rahner nun das Christentum auf eine „geglückte geschichtliche Reflexion und ein geschichtlich reflexes Zusichselberkommen einer Offenbarungsgeschichte"[344] und siedle somit das spezifisch Christliche im Bereich der Reflexion an. Dass damit dem Christentum noch nicht Genüge getan ist, ist Rahner klar und leitet aus den allgemeinen Prinzipien der transzendentalen Verfasstheit des Menschen notwendig und universal den Gottmenschen als absoluten Heilsbringer ab.[345]

In der Versöhnung vom Allgemeinen und Partikulären sieht Ratzinger den Anstoß darin, dass die bloße Annahme des Menschseins dem christlichen Anspruch nicht genüge und das Neue der Umkehr nicht genug zur Geltung komme.

Hier taucht für ihn auch er auf die Frage der Notwendigkeit der kirchlichen Positivität auf, die wir schon ausführlich bedacht haben. Auch wenn er am Schluss seiner kritischen Ausführungen bemerkt, dass das eigentliche Problem von Rahners Versuch die Vereinigung von Wirklichkeitsgründen in einer Art Weltformel sei, der ein falsches Freiheitsverständnis [346] zugrunde liegt, will er schlussendlich zu einer Antizipation eines Antwortversuchs beitragen.

---

[343] Vgl. Ratzinger, Joseph Kardinal, Theologische Prinzipienlehre, 171.
[344] Rahner, Karl, Grundkurs des Glaubens, 153.
[345] Vgl. Ratzinger, Joseph Kardinal, Theologische Prinzipienlehre, 172.
[346] Ratzinger deklariert Rahners Verständnis von menschlicher Freiheit als das der gotthaften Freiheit, vgl. dazu die Ausführungen in Ratzinger, Joseph Kardinal, Theologische Prinzipienlehre, 178.

6. Conclusio

Rahner legt den Berührungspunkt zwischen Gott und Mensch in das übernatürliche Existential des Menschen, das ihm zu Eigen ist. Daraus entfaltet er sowohl seine Anthropologie als auch seine Lehre der transzendentalen Christologie, die er als den Anfang[347] der ersteren nennt und die in der Theologie endet. Deshalb kann er den Menschen auch als „Suchenden" bezeichnen, der ohne Unterlass nach dem Seinsgrund seiner Existenz fragt. Da die Theologie den Menschen als Abbild Gottes und von Gott stammend auf ihn hin geschaffen sieht, steht die transzendentale Christologie Rahners auf den beiden Säulen der Schöpfung und Menschwerdung Gottes, die er als Momente der *kenosis* Gottes und *genesis* des Menschen beschreibt.

Insofern er das übernatürliche Existential als ontologisches Prinzip, das dem Menschen als eine Eigenschaft ungeachtet seiner Religionszugehörigkeit eingepflanzt ist, qualifiziert, kann es seine universale Berechtigung und Bestimmung auf Gott hin gut beibehalten. Das Spezifikum Rahners ist dabei nicht so sehr der allgemeine Heilswille Gottes, sondern vielmehr die christologisch konnotierte Gnade, die Rahner auch im Nichtchristen wirksam sieht und durch die er eine heilsschaffende Verbindung zum geschichtlich gewordenen Heilsbringer spannt. Über diese Brücke gelangt Rahner zum „Anonymen Christentums", welches – wohl nicht so sehr aufgrund des Anliegens, sondern vielmehr aufgrund spannungsreicher Begrifflichkeit – auf viel Unverständnis gestoßen ist. Indem Rahner die christusbezogene Gnade als Existential des Menschen erkennt, kann er nicht anders als jemand, der sich einem christlichen Wert hingibt, als „Christen" – wenn auch „anonym" - zu bezeichnen, selbst wenn der Begriff in den Augen seiner Kritiker ein explizites Bejahen des Bekenntnisses erfordert. Diesem Spannungsfeld ist sich Rahner bewusst und verweist auf eine unthematische Bejahung, die als geistiger Vollzug eines Menschen möglich ist, der zwischen transzendentaler Apriorität und kategorialer Geschichtlichkeit steht.

[347] „Weil sie die Einheit des eigentlichen Wesens Gottes und des Menschen in der personalen Selbstaussage Gottes in seinem ewigen Logos ist, darum ist Christologie Anfang und Ende der Anthropologie, und (...) in ihrer radikalsten Verwirklichung (...) in Ewigkeit Theologie", aus Rahner, Karl, Grundkurs des Glaubens, 216f.

Da das christliche Gottesverständnis und das Schöpfungsaxiom eine Universalität der Heilsmöglichkeit fordert und das Christentum durch natürliche Vernunftbegabung und übernatürliche Offenbarung eine Absolutheit der Wahrheit in einer existentiellen Relativität beansprucht, muss das Heil sowohl explizit als auch implizit für jeden Menschen zu erreichen sein. Rahners Anliegen ist im Diskurs eines Anonymen Christentums die Verfechtung dieses allgemeinen Heilswillen und des *Extra Ecclesia* – Axioms, dass er durch die klassische Lehre der *fides implicita* und der *bona fides* stützt[348]: „Ist so ein Mensch gegeben, der als die innerste Mitte seiner Existenz die Selbstmitteilung Gottes, Gnade genannt, besitzt, der diese in der unbedingten Treue zu seinem Gewissen angenommen hat, der somit [...] ein Glaubender ist, [...] dann sehe ich nicht ein, warum man einen solchen Menschen [...] nicht einen anonymen Christen nennen dürfte, wenn er doch [...] das besitzt, was das Wesen des Christseins ausmacht: die Gnade Gottes, die im Glauben ergriffen wird."[349]
Mit dieser Aussage wird das Entscheidende der Theorie des anonymen Christentums und einer Unmittelbarkeit Gottes außerhalb des Bekenntnisses bezeichnend pointiert. Zugespitzt will Rahner dadurch eine mögliche Koexistenz von Rechtfertigung und Atheismus denken,[350] ohne Letzteren zu bagatellisieren oder dessen Verwerflichkeit in Zweifel zu ziehen.[351] Mit der Sprachform des „Anonymen Christentums" schafft er Orte der Gottesoffenbarung, die auf den ersten Blick fremd erscheinen, doch in ihrem Inneren von der Irreversibilität der Selbstmitteilung Gottes in Jesus Christus nicht getrennt werden können: nämlich in Menschen, die sich – aus vielerlei Gründen - dem Bekenntnis noch nicht gestellt haben. Somit werden *loci alieni* gefunden, die in ihrer Anonymität benennbar gemacht werden.[352] Was Rahners Leistung dabei ausmacht, ist der geschickte Versuch, das Geheimnis des dreifaltigen Gottes und seine unfassbare Nähe in Jesus Christus zu den Menschen mit dem „Respekt vor den verborgenen Abgründen menschlicher Existenz, die unzugänglich sind für absolute Reflexion" darzustellen, denen sich der unbegreifliche Urgrund unserer Existenz ständig gnadenhaft zuschickt.

---

[348] Vgl. Metz, Johann Baptist, Glaube in Geschichte und Gesellschaft, 141.
[349] Rahner, Karl, Bemerkungen zum Problem des „Anonymen Christen", in: Schriften zur Theologie, Bd. X, 531-546, 544.
[350] Vgl. Rahner, Karl, Atheismus und implizites Christentum, in: Sämtliche Werke, Bd. 21/2, 885-903, 888.
[351] Rahner will nicht automatisch jeden Atheisten als einen mit Gnade versetzten „Theisten" sehen und betont auch, dass es nicht eine automatische Rechtfertigung sei, vgl. ebd., 889.
[352] Vgl. Hoff, Gregor Maria, Anonyme Christen, in: SaThS 40 (2010), 347-364, 359.

Die in der Anonymität verborgene und uns oft unbekannte Form des Christusbezugs ist der Anknüpfungspunkt seines Theologumenons. Die freie Antwort des Menschen zum Gnadenangebot und dessen Vollzug bleibt dabei ein Geheimnis zwischen Gott und Mensch, das wir auch innerhalb des Bekenntnisses in Hinblick auf die Unverfügbarkeit Gottes schwer bestimmen können. Den Dreh- und Angelpunkt der Theologie Rahners bildet dabei die These, dass Gott uns unmittelbar nahe in der Mittlerschaft Jesu Christi kam. Seine Unverfügbarkeit wurde kategorial an eine konkrete Geschichte gebunden, durch die er verfügbar und entzogen zugleich bleibt. Da die geistige Dynamik des Menschen immer auf Unmittelbarkeit Gottes ausgelegt ist, wird sie durch das Instrument der kategorialen Wirklichkeit der Welt vermittelt.[353] Dazu genügt eine Kategorialität, die nicht notwendig expliziter Offenbarungsgegenstand sein muss, die aber den Menschen als geistiges und freies Subjekt mit sich selbst konfrontieren. [354] Den Höhepunkt kategorialer Geschichtlichkeit erhielt die Offenbarung in Jesus Christus, der als Höhepunkt des Offenbarungsgeschehens gilt und auf dem sich auch die unthematisch angenommene Gnade bezieht. Rahner begründet zwar nicht direkt die Notwendigkeit, dass der „absolute Heilsbringer" in Jesus Christus zu finden ist, sondern nimmt dies dogmatisch als gegeben an, versucht jedoch auf Basis dieses Glaubens die Irreversibilität und Unüberbietbarkeit des Gnadengeschehens fundamentaltheologisch zu argumentieren.

Die vorzügige Diskussionsfrage in Bezug auf das Anonyme Christentum ist dadurch ein gnadentheologischer Diskurs und bringt die Beschäftigung mit der Frage an die Oberfläche, wie sich die Gnade Gottes außerhalb des expliziten christlichen Bekenntnisses im Menschen christologisch vermittelt zeigt und in welchem Verhältnis sie zur Unmittelbarkeit Gottes steht. Mein Versuch war, die Umstände und Gegebenheiten eines Verhältnisses von christologischer Gnadenprägung als allgemeines Transzendenzgeschehen und konkreter Geschichtlichwerdung in Jesus Christus – im Hinblick auf die Anonymität des Christentums, etwas genauer darzustellen. Die obigen Erläuterungen bedenkend und zusammenfassend lässt sich sagen, dass nach Rahners Gedankengängen die Gnade immer auf Explikation

---

[353] Vgl. Rahner, Karl, Bemerkungen zum Problem des „Anonymen Christen", in: Schriften zur Theologie, Bd. X, 531-546, 540.

[354] Vgl. ebd.

hindrängt, sowohl in transzendentaler Form, als auch in der historischen Gegebenheit. Der Grund dafür ist die inkarnatorische Struktur des Heils, die von einem Gott ausgeht, der sich in Liebe dem Menschen immer und immer wieder offenbaren will und dabei auf einen Höhepunkt geschichtlicher Konkretion und Unüberbietbarkeit hinzielt. Der Gott-Mensch taucht dabei als Mittler schlechthin auf und steht in chalzedonensischer Prägung zwischen der Menschheit in ihrer geschichtlichen Verfasstheit und dem heiligen Geheimnis Gottes, dem Urgrund menschlicher Existenz. Insofern Jesus als der Interpret Gottes schlechthin gesehen und angenommen wird, dass sich Gott in Jesus Christus irreversibel und unüberbietbar selbst mitteilt, ist Gott immer in irgendeiner Weise christologisch vermittelt. Jesus ist zudem als *logos* das Wort Gottes, das jede Selbstoffenbarung mitprägt. Er gilt, genauso wie das biblische Wort, als Sprache Gottes, die die Unmittelbarkeit Gottes vermittelt, insofern sich die Transzendenz Gottes immer in der Kategorialität erfahrbar zeigt. Diese Sprache der vermittelten Unmittelbarkeit Gottes ist der schöpfungstheologische Grundtenor des Menschen. Insofern kann jeder Mensch – auch außerhalb des expliziten christlichen Bekenntnisses – zum Schauplatz eines unmittelbaren Gnadendialogs Gottes werden.

Abschließend kann ich sagen, dass ich den Überlegungen Rahners viel abgewinnen konnte, gerade, was die Ausrichtung auf Gott durch das übernatürliche Existential betrifft. Die Vorwürfe gegen dieses Axiom sind teilweise einleuchtend, gerade, was eine Verallgemeinerung des Menschen betrifft, die durch eine zu große ontologisierende Sichtweise nicht mehr auf das Konkretum schaut. Dennoch darf man meines Erachtens das Anliegen Rahners nicht zu sehr verkennen und muss seine theologischen Ausführungen des Anonymen Christentums im Kontext seines Anliegens – des allgemeinen Heilswillen und seiner Vereinbarkeit mit der historisch gewachsenen und biblisch gegebenen Größe der Kirche - sehen. Eine Extremposition wollte Rahner wohl auf beiden Seiten vermeiden. Schließlich schafft er einen Weg, die Unmittelbarkeit Gottes in ihrer christologischen Vermittelheit sowie die Unverfügbarkeit der Gnade sowohl im Leben eines Christen als auch eines Atheisten fundamentaltheologisch zu begründen. Dass Gott dahinter noch immer das unfassbare Geheimnis bleibt, das sich uns in liebender Nähe und gleichzeitiger Entzogenheit ständig offenbart, darf niemals vergessen werden.

7. Literatur- u Abkürzungsverzeichnis

Alle Abkürzungen wurden verwendet nach:

Abkürzungen Theologie und Religionswissenschaft nach RGG[4], Tübingen 2007.

Balthasar, Hans Urs von, Cordula oder der Ernstfall, mit einem Nachwort zur dritten Auflage, Einsiedeln 1966.

Balthasar, Hans Urs von, Romano Guardini. Reform aus dem Ursprung (Münchner Akademieschriften 53), München 1970.

Bokwa, Ignacy, Christologie als Anfang und Ende der Anthropologie. Über das gegenseitige Verhältnis zwischen Christologie und Anthropologie bei Karl Rahner, Frankfurt am Main (u.a.), 1990.

Bouillard, Henry, Blondel und das Christentum, Mainz 1963.

Fößel, Thomas, Gott – Begriff und Geheimnis. Hansjürgen Verweyens Fundamentaltheologie und die ihr inhärente Kritik an der Philosophie und Theologie Karl Rahners, Innsbrucker theologische Studien, Bd. 70, Innsbruck-Wien 2004.

Friedmann, Edgar Herbert, Christologie und Anthropologie. Methode und Bedeutung der Lehre vom Menschen in der Theologie Karl Barths, Münsterschwarzach 1972.

Geist und Feuer. Ein Gespräch mit Hans Urs von Balthasar, in: HerKorr 30 (1976), 72-82, 76.

Greshake, Gisbert, Art. Visio Beatifica, in: LThK, Bd. 10, Freiburg im Breisgau [3]2006, 810.

Grün, Anselm, Erlösung durch das Kreuz, Karl Rahners Beitrag zu einem heutigen Erlösungsverständnis, Münsterschwarzach 1975 (Münsterschwarzacher Studien 26).

Heijden, Bert van der, Karl Rahner. Darstellung und Kritik seiner Grundpositionen, Einsiedeln 1973.

Hoff, Gregor Maria, Stichproben: Theologische Inversionen, Salzburger Aufsätze, SaThS 40 (2010).

Hünermann, Peter (Hg.), Die Dokumente des Zweiten Vatikanischen Konzils, Konstitutionen, Dekrete, Erklärungen, Lateinisch-deutsche Studienausgabe, Herders Theologischer Kommentar zum Zweiten Vatikanischen Konzil, Bd.1, Freiburg i. Br. 2004.

Joha, Zdenko, Christologie und Anthropologie. Eine Verhältnisbestimmung unter besonderer Berücksichtigung des theologischen Denkens Walter Kaspers, Freiburg im Breisgau – Basel – Wien, 1992.

Kaluza, Krystian, Der absolute Heilsbringer. Karl Rahners fundamentaltheologische Christologie, in: Bamberger Theologische Studien, Bd. 29, Frankfurt am Main [u.a.] 2006.

Kasper, Walter, Jesus der Christus, Mainz ^{9}1984.

Klauke, Heinrich [Hg.], 100 Jahre Karl Rahner. Nach Rahner. Post et secundum, Köln 2004.

König, Gert, Art. Relativismus, in: Historisches Wörterbuch der Philosophie 8, Basel 1992, 613-622.

Körner, Bernhard, Orte des Glaubens – loci theologici. Studien zur theologischen Erkenntnislehre, Würzburg 2014.

Kuschel, Karl-Josef (Hg.), Christentum und nichtchristliche Religionen, Theologische Modelle im 20. Jahrhundert, mit Schlüsseltexten von Karl Barth, Paul Tillich, Karl Rahner, Hans Küng, u.a., Darmstadt 1994.

Lehmann, Karl, Art. „Rahner, Karl", 3LThK, 805-808.

Lubac, Henri de, Geheimnis aus dem wir leben, eingeleitet von Hans Urs von Balthasar, Freiburg, ^{2}1990.

Lubac, Henri de, Glauben aus der Liebe, Einsiedeln ^{2}1970.

Metz, Johann Baptist, Glaube in Geschichte und Gesellschaft. Studien zu einer praktischen Fundamentaltheologie, Mainz 1977.

Musser, Donald W. / Price, Joseph L. (Hg.), A New Handbook of Christian Theologians, Nashville 1996.

Neumann, Karl, Der Praxisbezug bei Karl Rahner, Freiburger Theologische Studien, Bd. 118. Unter Mitwirkung der Professoren der Theologischen Fakultät herausgegeben von Bäumer, Remigius / Deissler, Alfons / Riedlinger, Helmut, Freiburg i. Br., 1980.

Raffelt, Albert, Art. Potentia oboedientialis, in: LThK, Bd.8, Freiburg im Breisgau ^{3}2006, 459-460.

Raffelt, Albert / Verweyen, Hansjürgen, Karl Rahner, München 1997.

Rahner, Karl, Atheismus und implizites Christentum, in: Rahner, Karl, Sämtliche Werke, Bd. 21/2, Das Zweite Vatikanum. Beiträge zum Konzil und seiner Interpretation. Bearbeitet von Günther Wassilowsky.

Rahner, Karl, Der Christ und seine ungläubigen Verwandten, in: Sämtliche Werke, Bd. 10, Kirche in den Herausforderungen der Zeit. Studien zur Ekklesiologie und zur kirchlichen Existenz. Bearbeitet von Josef Heislbetz und Albert Raffelt, Freiburg i. Br. 2003, 274-289.

Rahner, Karl, Ein Weg zur Bestimmung des Verhältnisses von Natur und Gnade. B. Eine Antwort, in: Orientierung 12/13 (1950), 138-145.

Rahner, Karl, Geist in Welt, in: Sämtliche Werke, Bd. 2, Schriften zur Religionsphilosophie und zur Grundlegung der Theologie, bearbeitet von Albert Raffelt, Freiburg i. Br. 1996.

Rahner, Karl, Grundkurs des Glaubens, Einführung in den Begriff des Christentums, Freiburg im Breisgau, ^{2}1976.

Rahner, Karl, Hörer des Wortes, in: Sämtliche Werke, Bd. 4, Schriften zur Religionsphilosophie und zur Grundlegung der Theologie, bearbeitet von Albert Raffelt, Freiburg i. Br. 1997.

Rahner, Karl, Schriften zur Theologie, Bd. II, Einsiedeln-Zürich-Köln, ^{3}1958.

Rahner, Karl, Schriften zur Theologie, Bd. III, Zur Theologie des geistlichen Lebens, Einsiedeln-Zürich-Köln 1956.

Rahner, Karl, Schriften zur Theologie, Bd. IV, Neuere Schriften, Einsiedeln-Zürich-Köln 1960.

Rahner, Karl, Schriften zur Theologie, Bd. VIII, Einsiedeln-Zürich-Köln 1967.

Rahner, Karl, Schriften zur Theologie, Bd. IX, Einsiedeln-Zürich-Köln 1970.

Rahner, Karl, Schriften zur Theologie, Bd. X, Zürich-Einsiedeln-Köln 1972.

Rahner, Karl, Schriften zur Theologie, Bd. XII, Theologie aus Erfahrung des Geistes, Zürich- Einsiedeln-Köln 1975.

Rahner, Karl, Über die Theologie des Martyriums (QD 2), Freiburg i. Br., 1957.

Rahner, Karl, Zur Theologie des Todes, QD 2, Freiburg 1958.

Rahner, Karl / Vorgrimmler, Herbert, Kleines Konzilskompendium. Sämtliche Texte des Zweiten Vatikanums mit Einführungen und ausführlichem Sachregister, Freiburg i. Br., ^{22}1966.

Ratzinger, Joseph, Der Kirchenbegriff und die Frage nach der Gliedschaft in der Kirche, in: Gesammelte Schriften, Kirche – Zeichen unter den Völkern, Schriften zur Ekklesiologie und Ökumene, Bd. 8/1, 290-307.

Ratzinger, Joseph, Kein Heil außerhalb der Kirche?, in: ders., Das neue Volk Gottes. Entwürfe zur Ekklesiologie, Düsseldorf 1969, 339-361.

Ratzinger, Joseph Kardinal, Predigt in der Heiligen Messe „Pro Eligendo Romano Pontifice“ (18. April 2005), in: Der Anfang. Predigten und Ansprachen. April / Mai 2005 (VAS 168, Bonn 2005), 12-16.

Ratzinger, Joseph, Theologische Prinzipienlehre, München 1982.

Scheurich, Hans, Karl Rahners These vom anonymen Christentum. Darstellung – Kritik – Würdigung, Diss. Theol. Univ. Halle-Wittenberg 1976.

Schöndorf, Harald (Hg.), Die philosopischen Quellen der Theologie Karl Rahners (QD 213), unter Mitarbeit von Peter Henrici, Otto Muck, Julius Oswald (u.a.), Freiburg i. Br. 2005.

Schwerdtfeger, Nikolaus, Gnade und Welt. Zum Grundgefüge von Karl Rahners Theorie der „anonymen Christen“, Freiburger Theologische Studien, Bd. 123, Freiburg i. Br. 1982.

Siebenrock, Deus semper major. Zur Grundstruktur der Gottesrede Karl Rahners SJ, in: Klauke Heinrich (Hg.), 100 Jahre Karl Rahner. Nach Rahner. Post et secundum, Köln 2004, 73-90.

Shim, Johannes Sang-Tai, Glaube und Heil. Eine Untersuchung zur Theorie von den „anonymen Christen“ Karl Rahners. Inaugural-Dissertation zur Erlangung der Doktorwürde, Tübingen 1974.

Verweyen, Hansjürgen, Christologische Brennpunkte, zweite, erw. Auflage, Essen ^{2}1985.

Verweyen, Hansjürgen, Wie wird ein Existential übernatürlich? Zu einem Grundproblem der Anthropologie Karl Rahners, in: TThZ 95 (1986), 115-131.

Viller, Marcel / Rahner, Karl, Aszese und Mystik in der Väterzeit. Ein Abriss. Freiburg i. Br. 1939.

Wedler, Ester-Maria, Splendor caritatis. Ein ökumenisches Gespräch mit Hans Urs von Balthasar zur Theologie der Moderne, in: Römelt, Josef (Hg.) / Pilvousek, Josef (Hg.) Erfurter Theologische Studien, Bd. 94, Erfurt 2009.

Wilfred, Felix, Lob des christlichen Relativismus, in: Conc 42 (2006), 77-85.

MIX
Papier aus verantwortungsvollen Quellen
Paper from responsible sources
FSC® C105338

Printed by Books on Demand GmbH, Norderstedt / Germany